儿童时间管理课

如何激发孩子的内驱力

张姣飞

中国纺织出版社有限公司

内 容 提 要

  时间管理是一种应该从小培养的习惯，它不仅是一套技巧或方法，还是一种长期形成的生活方式和思维模式。本书从孩子的日常生活和行为、性格和心理特点、亲子关系出发，通过生动有趣的案例故事、简明扼要的实践方法以及详细的实操步骤，从引导孩子认知和记录时间，激发孩子时间管理内驱力，培养良好的时间管理习惯等八个方面，深入浅出地解析儿童时间管理问题，方便家长们理解和实践，帮助家长们更好地引导孩子培养良好的生活习惯和学习习惯，通过时间管理让孩子快乐地达到目标——搞定一切还能玩。

图书在版编目（CIP）数据

儿童时间管理课：如何激发孩子的内驱力 / 张姣飞著. -- 北京：中国纺织出版社有限公司，2025.5.
ISBN 978-7-5229-2439-7

Ⅰ. C935-49

中国国家版本馆CIP数据核字第20259HZ095号

责任编辑：郝珊珊   责任校对：高 涵   责任印制：储志伟

中国纺织出版社有限公司出版发行
地址：北京市朝阳区百子湾东里A407号楼   邮政编码：100124
销售电话：010—67004422   传真：010—87155801
http://www.c-textilep.com
中国纺织出版社天猫旗舰店
官方微博 http://weibo.com/2119887771
鸿博睿特（天津）印刷科技有限公司印刷   各地新华书店经销
2025年5月第1版第1次印刷
开本：710×1000   1/16   印张：14.75
字数：198千字   定价：59.80元

凡购本书，如有缺页、倒页、脱页，由本社图书营销中心调换

序 言

时间是构建生命的基石，无论对于成人还是孩子，它都是极其宝贵的资源。苏联教育家苏霍姆林斯基曾指出："儿童的时间应该被各种吸引人的活动所填满，这些活动不仅能够促进他们的思维发展，丰富他们的知识和能力，还应保护他们童年的兴趣。"这表明，儿童时间管理不仅是一项技能，更是一种与孩子的性格、心理和兴趣紧密相连的习惯，需要父母的合理引导和启发，而非简单的唠叨或严厉的训斥。

时间管理是一种应该从小培养的习惯。研究表明，小学入学时孩子们的智商普遍相近，一、二年级学生的分数差距不大。但随着年级的提高，五、六年级时，学生之间的成绩差距会显著扩大。智商并没有大的变化，差异主要在于学习习惯，尤其是时间管理和课堂专注度，这些直接影响学习效率和成绩。低年级时写作业拖延的孩子到了高年级，往往需要更多时间完成作业，家长也难以找到额外时间辅导。如果孩子的学习效率不高，将形成恶性循环：上课注意力不集中，作业完成慢或错误率高，家长不得不辅导、纠正错误，孩子再进行修改。因此，从小培养孩子的时间管理能力，可以帮助他们更高效地学习，包括专心听讲，快速准确地完成作业，以及在考试中迅速作答并留出时间自我检查，从而取得优异的成绩。

掌握时间管理技能对孩子的自主性发展至关重要。如果孩子不能掌握时间管理的方法和技巧，他们往往需要家长的不断监督才能学习，且容易在学习时分心。相反，如果孩子能够从小养成时间管理的习惯，他

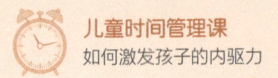

们将更有可能将作业和学习视为需要达成的目标，独立负责自己的学习，按时甚至提前完成学习任务，获得成就感和自信心的提升。

时间管理还能增强孩子的自我控制能力。学习需要目标感和自控力，掌握时间管理技能的孩子能够更好地规划学习任务，按优先级排序并有效利用时间。而缺乏时间观念的孩子容易做事拖拉，注意力分散。例如，一个孩子在写作业时被外界的干扰所吸引，无法集中精力。与此相对，懂得时间管理的孩子能够专注于自己的任务，有序地达成目标。

良好的时间管理并不是为了忙碌，而是为了能够享受生活，使生活既充实又舒适。正如荷兰未来学家巴卡斯所言："时间管理的最终目的是创造更多的休闲时间。"对孩子而言，时间管理的目的是能够在完成必要任务的同时，享受快乐和自由。

为了教孩子有效利用时间，《儿童时间管理课：如何激发孩子的内驱力》为家长提供了许多启发和建议。本书从引导孩子认知和记录时间、激发孩子时间管理内驱力、培养良好的时间管理习惯、培养高效的学习习惯、养成健康的生活习惯、引导孩子管理自由时间、父母以身作则树立榜样、执行过程中的具体问题分析八个方面，全面剖析了孩子不会管理时间的原因，结合生动有趣的案例故事和简明扼要的实践方法，提供了提高时间管理的行之有效的指导方法。这将帮助孩子认识时间的价值，真正高效利用时间，做一个高效率的人。衷心希望这本书能帮助越来越多的孩子学会时间管理，成为时间的主人，最终获得成功而快乐的人生！

张姣飞
2024 年 6 月

目 录

第一章 001 | 发现时间
——引导孩子认知和记录时间

1 为什么要教孩子时间管理 …………………… 002
2 儿童时间管理训练的黄金期 ………………… 005
3 让孩子的行动与时间联系起来 ……………… 010
4 三大技巧帮助孩子快速建立时间观念 ……… 014
5 四款小游戏帮助孩子快速认读时钟 ………… 017

第二章 021 | 掌控时间
——激发孩子时间管理内驱力

1 适当放手,让孩子自主管理时间 …………… 022
2 让孩子心中的目标感唤醒他自主管理时间的热情 … 025
3 大目标分解成小目标,孩子更容易执行 …… 029
4 画好一张图,持续激发孩子的兴趣,培养目标感 … 032
5 角色棋盘法帮孩子分清界限,告别依赖 …… 036
6 教会孩子做时间计划表,培养时间规划能力 … 040
7 让孩子在奖励中学会节约时间 ……………… 044
8 全家总动员,来一场时间管理挑战赛 ……… 047
9 让孩子体会到"统筹时间"的成就感 ……… 051

1

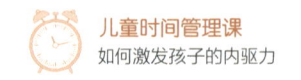

第三章 055 科学规划
——培养良好的时间管理习惯

1 时间日志，记录孩子一天的情况 …… 056
2 通过便笺制订"今日必做清单" …… 060
3 利用零碎的时间做有意义的事 …… 064
4 要做守时的好孩子 …… 067
5 为重要的事做准备 …… 070
6 为每项任务设定合理的完成时间 …… 073
7 鼓励孩子养成做备忘录的习惯 …… 076
8 引导孩子运用四个步骤来分清做事顺序 …… 079
9 番茄工作法，专注于每一个25分钟 …… 082

第四章 085 高效学习
——好的学习习惯从时间管理开始

1 课前做预习，课上事半功倍 …… 086
2 提升课堂效率 …… 089
3 课后复习巩固，学得更扎实 …… 092
4 像玩游戏一样设定学习时间 …… 095
5 用三种颜色让孩子轻松做作业 …… 099
6 书桌杂乱效率低，让孩子学会整理书桌 …… 102
7 用思维导图规划孩子的作业清单 …… 105
8 为孩子的考试周期做计划 …… 108

目 录

第五章 113 告别拖延
——养成健康的生活习惯

1 孩子爱赖床,四招搞定起床难题 …… 114
2 晚上不肯睡,"成长树"来帮忙 …… 117
3 吃饭魔法,小磨蹭不见了 …… 121
4 再见!电子游戏 …… 124
5 拒绝无节制地看电视 …… 127
6 不要让孩子"讨价还价" …… 130
7 孩子洗澡磨蹭爱玩,"五步走"培养麻利宝贝 …… 133
8 别插手,让孩子学会自己整理物品 …… 136

第六章 141 劳逸结合
——自由时间管理

1 如何给孩子设定自由时间 …… 142
2 课间 10 分钟,放松身心作调整 …… 145
3 腾出时间,一起做锻炼吧 …… 147
4 好好休息加适度娱乐,孩子周末这样过 …… 151
5 经常带孩子去接触大自然 …… 155
6 和孩子一起安排行程清单 …… 159
7 假期表,让孩子假期不放纵 …… 163
8 引导孩子养成午休的习惯 …… 167
9 告诉孩子,父母不在时怎么安排时间 …… 169

第七章 175 | 以身作则
——父母的行为是最好的示范

1 与其改变孩子，不如从自身做起 …… 176
2 亮出时间管理成果，激起孩子的欲望 …… 179
3 采取约定的方式，激发孩子的主动性 …… 182
4 培养优秀儿童，父母要做到的准则 …… 186
5 信任和鼓励，能让孩子行动加速 …… 190
6 别心急，让孩子按照自己的节奏成长 …… 193
7 使用特权卡，激发孩子内驱力 …… 196
8 三招解决父母的负面情绪 …… 199

第八章 203 | 执行问题
——执行过程中的具体问题分析

1 任务那么多，如何驱动孩子自愿执行 …… 204
2 孩子总忘记时间表怎么办 …… 208
3 孩子感兴趣却不执行 …… 211
4 孩子三天打鱼，两天晒网怎么办 …… 214
5 执行速度和质量不同步 …… 217
6 作业加量，孩子不干怎么办 …… 220
7 孩子怎么努力都完不成时间表怎么办 …… 223

第一章

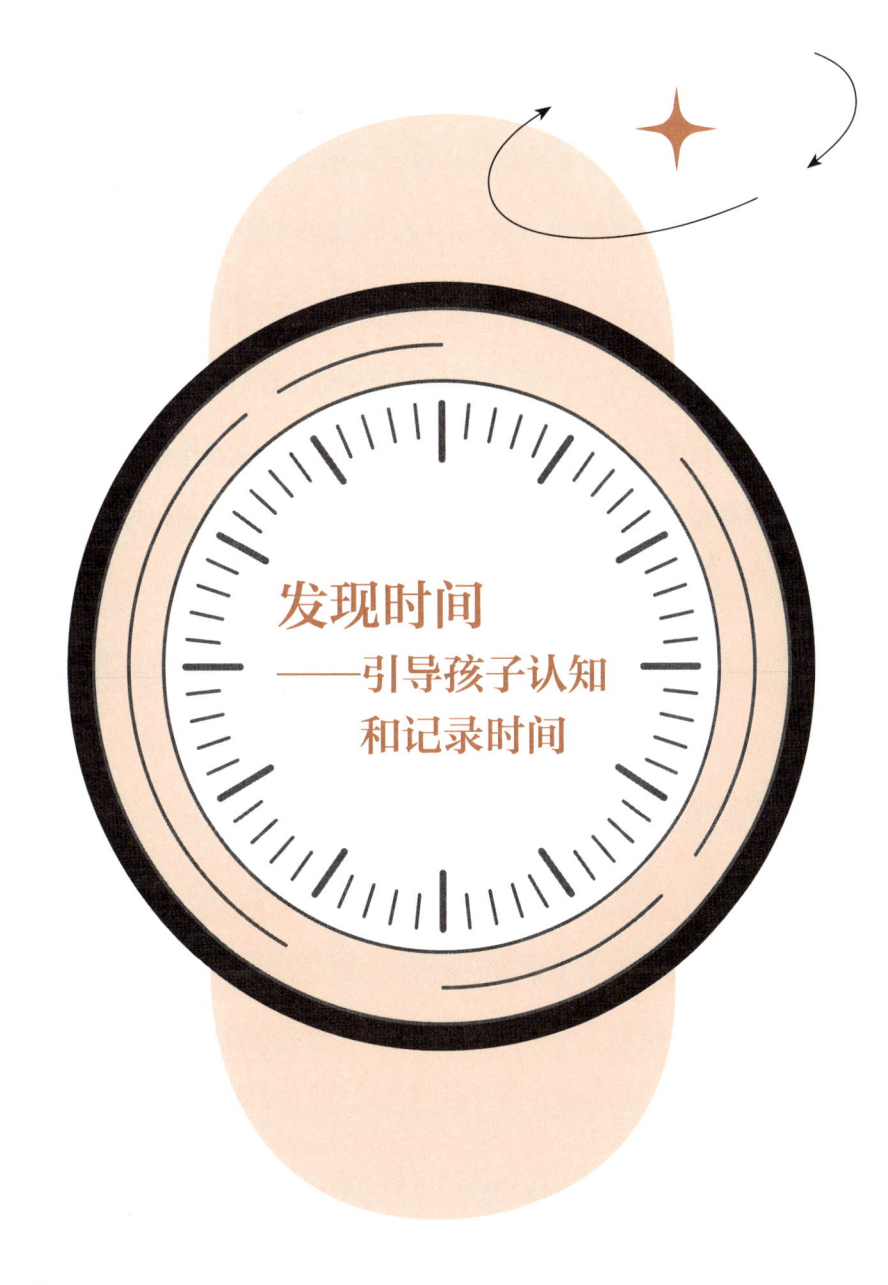

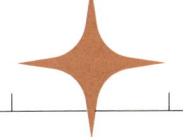

发现时间
——引导孩子认知和记录时间

为什么要教孩子时间管理

明天，蓓蓓将迈入小学的大门，她的妈妈正在为她整理学习用品，而蓓蓓则坐在一旁，满心期待。当妈妈整理完毕，蓓蓓立刻兴奋地背上书包，在镜子前自我欣赏，并兴奋地宣布："从明天起，我就是小学生啦！"

尽管蓓蓓充满喜悦，但她的妈妈却开始感到忧虑，因为小学生活与幼儿园有着本质的不同。在小学，孩子们不仅要玩耍，还要学习更丰富的文化课程，并且要遵守更多的规则和约束。妈妈担心蓓蓓无法顺利适应这一新的生活阶段。

在随后的几天里，蓓蓓的表现确实让妈妈的担忧成为现实。

小学的起床时间比幼儿园更早，但蓓蓓的作息习惯还停留在幼儿园时期，每天都需要家长不断催促她起床。特别是在最初的几天，蓓蓓总是拖拖拉拉，几乎每次都是在上课铃声响起的那一刻才匆匆走进教室。

以前，蓓蓓每天晚上都会练习钢琴和绘画，但在小学，妈妈会不定期给她布置作业，这有时会打乱她原本的练习计划。尽管每天的时间量没有变化，但需要完成的任务变多了，原本的日程安排也受到了影响，蓓蓓很难适应这种变化，常常需要妈妈提醒才能记起自己的任务。

为了帮助蓓蓓改善这种情况，妈妈决定采取措施，提升她的时间管理技能。

时间的流逝如同空气般无形，它是一种难以直接感知的抽象概念。成年人得益于他们丰富的生活经历，对时间的流逝感知尤为明显，他们能够深切地感受到时间的流逝，并理解时间的真正价值。他们深知时间的宝贵，常常感叹时间的不足，因此会努力珍惜并高效利用每一分每一秒。然而，对于孩子们来说，由于他们的年龄和经历有限，时间的概念在他们的心中并不明确。他们还不能领悟到时间的宝贵和不可逆转性，因此他们在日常生活中可能会无意识地浪费宝贵的时间。学会时间管理对孩子的成长和发展具有重要意义，不仅能够帮助他们更好地适应学习和生活环境，还能培养出一系列对未来有益的技能和习惯。

孩子学会时间管理之后，至少会在四个方面受益。

1. 帮助孩子建立良好的生活习惯

培养良好的习惯和提升自我管理能力对于孩子们的学业成绩提升和

长期发展具有至关重要的作用。孩子 12 岁之前是成长的关键阶段，大部分生活习惯将在这一时期形成并变得根深蒂固。因此，家长的积极引导显得尤为关键。缺乏指导的孩子可能会养成拖延、马虎、缺乏持久性、逃避困难等不良习惯，这些习惯可能会长期影响他们的生活。早期培养孩子的时间管理技能对于形成良好的学习和生活习惯至关重要，这不仅能使孩子受益，也能减轻父母的负担。

2. 有效提升孩子的学习效率

儿童时间管理能力的培养有助于提高学习效率，因为它涉及目标设定、计划安排、专注力提升、自我监控、减少拖延、责任感和自律性的培养以及优先级排序等多个方面，这些都是提高学习效率的重要因素。孩子们通过规划和分配学习时间，可以更加专注和高效地完成作业和复习，从而提高学习成绩和学习品质。

3. 培养孩子的自我管理能力

时间管理是自我管理的重要组成部分。学会时间管理能让孩子更主动、自律，并珍惜时间，养成守时的好习惯，助力他们成为高效能的个体。通过学习如何有效管理时间，孩子能学会规划自己的行为和活动，与时间建立联系，增强对时间和自我的控制，从而发展成为自主和自律的人，这些能力对他们未来的学习和职业生涯都是极其宝贵的。

4. 培养孩子感知幸福的能力

幸福的童年治愈一生，而不幸的童年要用一生去治愈。孩子如何度过一天，往往也反映了他们将如何度过一生。在时间管理的实践中，一位妈妈分享了她的经验：每天早晨，她会为孩子打开窗户，让新鲜空气和温暖的阳光充满房间，然后播放孩子喜欢的《斗罗大陆》主题曲《破茧》。孩子听到自己喜欢的音乐后，立刻精神焕发，愉快地开始了新的一天。通过简单的行动，如拉开窗帘、播放孩子喜欢的音乐，家长可以给予孩子更多的耐心和理解，共同享受美好的早晨，为一天的开始打下良好的基础。这种轻松愉悦的方式不仅有助于孩子建立时间管理的习惯，提升时间管理能力，还能增进亲子间的关系，而这种良好的亲子关系，将成为孩子幸福一生的基石。

儿童时间管理训练的黄金期

在一个宁静的小镇上，住着一位智慧的老人，名叫李爷爷。李爷爷有一个小秘密，他知道如何帮助孩子们学会管理时间。每当有家长为孩子的拖拉和不守时烦恼时，总会找李爷爷寻求帮助。

这一年，小镇上来了一个新的家庭，他们有一个名叫小杰的6岁儿子。小杰是个聪明活泼的孩子，但他总是没有时间观念，早上起床总是磨磨蹭蹭，做作业也是拖到最后一刻才开始。小杰的父母为此非常头疼，于是他们找到了李爷爷。

李爷爷微笑着告诉他们:"小杰正处于儿童时间管理训练的黄金期,现在是培养他良好习惯的最佳时机。"

第二天,李爷爷带着小杰来到他的花园。花园里有各种各样的花儿,还有一棵高大的苹果树。李爷爷说:"小杰,你看这些花儿,它们都在固定的时间开放和凋谢。就像我们每天要按时起床、吃饭和学习一样,时间是有规律的。"

接着,李爷爷给了小杰一个特别的任务:照顾苹果树。他告诉小杰,苹果树需要在早晨的阳光下浇水,在傍晚的时候修剪枝叶。小杰很兴奋地接受了任务,他开始学习如何安排自己的时间来照顾苹果树。

几周过去了,小杰逐渐养成了早起的习惯,他学会了在固定的时间做固定的事情。他发现,按时完成任务后,他有更多的时间去做自己喜欢的事情,比如画画和玩游戏。

小杰的父母看到儿子的变化，非常惊喜。他们感谢李爷爷，李爷爷只是笑着说："每个孩子都有自己的黄金期，关键是要找到适合他们的方法，引导他们学会管理时间。"

中国有句谚语："三岁定性，七岁定终身。"这句话揭示了一个深刻的教育理念：孩子3~7岁这段时间，不仅是性格、兴趣和智力发展的关键期，也是养成良好时间管理习惯的最佳时机。正如播种一样，在合适的时间播种，才能有最丰硕的收获。因此，在黄金期对孩子进行时间管理的训练，将会在未来获得更丰厚的回报。

孩子的时间感知能力如同种子，需要在适当的时期培养。3~6岁（幼儿园阶段）和6~12岁（小学一至六年级）是培养时间管理能力的两个关键时期。如果在这两个阶段进行恰当的引导和训练，孩子的时间管理能力将得到显著提升。

时间感知能力是指孩子们对时间流逝的认识和理解。如果父母能在孩子3岁时就开始有目的地引导和培养，孩子们便能逐渐提高对时间的敏感度。在孩子进入小学的初期，即一到三年级期间，他们开始接受系统的学科教育，如语文、数学和英语。在这一时期，如果父母能够重视并加强对孩子时间管理能力的培养，将有助于孩子们提高规划和集中注意力的能力，这对他们的学习进步极为重要。

对于孩子，可以根据年龄阶段做差异性的时间管理训练。

时间管理训练

需要准备的工具

一本日历、画纸、水彩笔

3 岁以下：让孩子感受白天和夜晚

对于 3 岁以下的孩子，父母可以通过日常生活中的小事，如区分白天和夜晚，来帮助孩子感受时间的流逝。例如，早上可以告诉孩子："宝贝，太阳升起来了，我们开始新的一天吧！"晚上则可以说："宝贝，天黑了，是时候休息了。"通过这样的日常对话，孩子可以逐渐认识到时间的变化。

3～6 岁：反复强调时间概念

根据瑞士心理学家皮亚杰的研究，3～6 岁的幼儿在认知发展上仍处于直观思维阶段，因此对于他们而言，"时间"这一概念仍然是相当模糊的。在这个年龄段，孩子们往往会感觉每一天都相似，难以区分不同日子之间的差异。

对于 3～6 岁的孩子，父母可以通过绘本、游戏和日常活动，如撕日历、听天气预报等，来增强孩子对时间概念的理解。例如，可以让孩子每天撕掉日历的一页，并教孩子读出当天是几月几日、星期几。通过向孩子介绍每个月的天数，帮助他们认识到一个月的持续时间。例如，在 3 月，孩子每撕去一张日历，就代表那一天已经过去，当撕完 31 张代表 3 月的日历后，就可以告诉孩子 3 月共有 31 天。当孩子撕完整本日历，共 365 张时，父母可以向孩子表示祝贺，并解释这意味着一整年的时间已经流逝。通过这种撕日历的活动，孩子们能够逐渐学会区分日、月、年等不同的时间单位。

6~12岁：强化孩子的时间感

6~12 岁的孩子对时间有了更具体的认识。父母可以通过设定日常活动的时间表，如"早上 8 点吃早餐，9 点去公园"，来帮助孩子建立时间和活动的联系。此外，还可以通过时间小游戏，如猜测当前时间，来提高孩子对时间的敏感度。

随着孩子年龄的增长，父母可以引导孩子思考更长远的时间规划，如画出时间轴，讨论人生的不同阶段和目标。通过绘制时间线的活动，与孩子共同了解人生的不同阶段：假设一个人的平均寿命为 80 年，我们可以标记出关键的成长里程碑。例如，3 岁开始幼儿园的学习之旅，6 岁迈进小学的大门，12 岁进入中学阶段，18 岁迈入大学深造，22 岁完成大学学业，随后步入职场开始职业生涯，直至 60 岁左右退休享受晚年生活。这样的时间线可以帮助孩子形象地理解人生的各个阶段及其大致的时间安排。

此外，父母可以与孩子一起分享关于时间的名言和故事，如"一寸光阴一寸金，寸金难买寸光阴"，以及富兰克林的"时间就是生命"。这些智慧的话语可以激励孩子珍惜时间，成为时间的主人。

通过这些丰富多彩的活动和引导，孩子的时间管理能力将得到逐步提升，为他们的未来打下坚实的基础。

3

让孩子的行动与时间联系起来

晚饭后,佳佳兴奋地坐在沙发上,眼睛紧盯着电视屏幕。看电视之前,她和妈妈约定好看10分钟。过了一会儿,妈妈从厨房走出来,坐在佳佳旁边,温柔地提醒她:"宝贝,你已经看了10分钟的电视,现在是时候关掉了。"佳佳转过头,露出不解的神情:"妈妈,10分钟是多久啊?我觉得我才刚刚开始看呢。"

妈妈微笑着拿出手机,打开了计时器功能,对佳佳说:"看,妈妈刚才设了一个计时器,当它响起的时候,就代表10分钟已经过去了。"佳佳好奇地看着计时器,她还是不太明白时间的概念,但她知道妈妈不会骗她。

妈妈继续解释:"10分钟就像是你和小朋友们在幼儿园玩耍的时间,一会儿就过去了。我们不能总是玩耍,还需要学习新知识,做有意义的事情。"佳佳点点头,虽然她还是有些不情愿,但她开始理解妈妈的话了。

妈妈看到佳佳愿意接受,便进一步引导她:"你知道吗,佳佳,时间就像我们的朋友,它陪伴着我们成长,帮助我们学会很多东西。但是,如果我们不珍惜它,它就会悄悄溜走,我们就失去了和它一起成长的机会。"

佳佳想了想,然后说:"妈妈,我明白了。我想用时间来学习画画,还有学习数数。"妈妈听了非常高兴，她鼓励佳佳："很好，佳佳，你已经开始懂得珍惜时间了。"

瑞士心理学家皮亚杰提出了孩子认知发展的四阶段理论，指出不同阶段的孩子对事物理解的深度有所差异。12岁以下的儿童，抽象思维和逻辑分析能力尚未完全发展，因此对于抽象概念的接受和理解存在一定难度，他们更容易对具体和直观的事物做出反应。为了帮助孩子更好地理解时间，我们需要将时间概念具体化，以生动的方式展现给孩子，例如通过将活动与时间挂钩，使其更容易接受。

在孩子们对时间概念不太熟悉时，他们往往不会将自己的行为与时间联系起来。例如，他们可能会说"我困了，想睡觉"或"我饿了，想吃饭"，而不是"现在是几点，我该睡觉了"。在孩子的认知中，吃饭和睡觉是具体的事情，容易表达，而时间则是一个抽象的概念，他们难以清晰地理解和表达。如果孩子无法感知时间的存在，他们就会根据自己的感觉来行动。因此，家长需要培养孩子的时间观念，将日常活动与时间关联起来，帮助他们建立规律的生活习惯。

在这个故事中，妈妈以一种巧妙的方式教育孩子理解时间的流逝。她没有简单地通过言语来描述时间的宝贵，而是选择了让孩子观看动画片，通过这种娱乐活动让孩子亲身感受到时间是如何快速地流逝的。这种方法让家长能够有效地利用孩子生活中的点滴时刻，让孩子在实际体验中感知到时间的存在，从而更容易接受家长想要传达的信息。只有当孩子真正感受到时间的快速流逝，他们才会意识到时间的宝贵，并在日常生活中提高效率，避免无谓地浪费时间。

除了限制孩子观看动画片的时间来让他们感受时间的流逝，家长还可以尝试其他策略。

时间管理训练

需要准备的工具

一个计时器、若干个表示不同时间的沙漏

1. 在孩子玩耍的过程中引导他们体会时间的流逝

玩耍是孩子的天性，他们总是沉浸在其中，不愿意结束。家长可以在孩子玩耍之前与他们约定一个时间，并使用计时器或者沙漏来设定这个时间。当计时器响起时，就意味着玩耍时间结束。这种方法可以应用于孩子特别感兴趣的游戏，他们会惊讶地发现时间过得如此之快。在这个过程中，家长可以抓住机会教育孩子，这样的教育效果往往更佳。这让孩子认识到，只要全神贯注地投入到某项活动中，就会感觉时间过得很快，无论是玩耍还是做作业都是如此。如果孩子能够理解专注是导致时间飞逝的原因，那么他们在做任何事情时都会更加投入，从而更有效地利用时间。

家长也需要注意，在孩子请求延长玩耍时间时，要坚定地拒绝。孩子常常会在约定的时间结束时请求再玩一会儿，而家长往往容易心软，延长时间。但这样做可能会导致孩子形成习惯，反复要求延长时间。因此，家长应该在孩子第一次提出延长时间的请求时就果断拒绝。

2. 让孩子在不同的活动中感受时间的流逝

孩子可能会好奇，为什么在做喜欢的事情时时间过得那么快，而在做作业、考试或接受批评时时间却过得那么慢。这时，家长可以通过让孩子在短时间内做不同的事情来让他们体会时间的流逝。例如，家长可以让孩子在第一个10分钟内看他们喜欢的电视节目，在第二个10分钟内做一些不那么感兴趣的事情，比如阅读一篇课文。孩子会发现，第一个10分钟过得很快，而第二个10分钟则感觉很慢。家长可以让孩子看到计时器，让他们明白时间的长度并没有改变，只是他们的注意力和兴趣影响了对时间流逝的感知。

通过这样的对比，孩子会逐渐理解，只要他们全神贯注于手头的任务，时间就会快速流逝，无论这项任务是否是他们喜欢的。这需要一个过程，可能需要多次的实践和体验。通过不断地对比和实践，孩子会逐渐明白时间的宝贵，并学会珍惜和有效利用时间。当孩子有了这种意识后，家长可以进一步引导他们，帮助他们更深刻地理解时间的价值。

4

三大技巧帮助孩子快速建立时间观念

在一个阳光明媚的周末早晨，明明醒来后，兴奋地跳下床。他记得妈妈昨天告诉他，今天他们要去游乐园玩。明明迅速地穿好衣服，跑到客厅，却发现妈妈正坐在沙发上，看着手表，脸上带着一丝焦虑。

"妈妈，我们什么时候出发？"明明迫不及待地问。

妈妈看了看手表，叹了口气说："明明，你起床晚了，现在已经快到我们原定的出发时间了。我本来计划早上8点出发，现在都快9点了。我们需要重新安排一下。"

明明有些困惑，他不太理解为什么妈妈那么在意时间。在他的世界里，时间似乎总是足够的，他从未真正意识到时间的流逝和重要性。

妈妈看着明明，确定这是一个教育他的好机会。她耐心地解释道："明明，时间就像流水一样，一旦流走就不会再回来。我们每天只有24小时，如果我们不好好规划和利用，就会错过很多重要和有趣的事情。"

明明听了妈妈的话，开始有些明白了。他意识到，如果他早点起床，他们就可以按时出发，也许还能在游乐园多玩几个项目。

帮助孩子建立时间观念是一个渐进的过程，需要家长的耐心指导和孩子的积极参与。

为了让孩子在日常生活中感知时间的流逝，家长可以利用各种计时工具来具象化时间。通过在家中摆放与时间相关的物件，孩子可以逐渐形成对时间的直观感受。例如，将挂钟置于客厅显眼的地方，让孩子随时可以看到时间的走动；在孩子的床头放置一个闹钟，帮助他们养成按时起床的习惯；在门口贴上家庭的日常活动时间表，让孩子了解一天中的活动安排；为孩子准备儿童手表，让他们学会自己查看时间。这些举措旨在让孩子在日常生活中自然而然地感受到时间的存在，为他们树立正确的时间观念打下基础。

在与孩子的沟通中，家长应尽量使用准确的时间表达，以便孩子能够准确理解时间的概念。例如，当孩子需要加快动作时，家长可以说"我们还有25分钟就要出门了，你现在需要穿好衣服，准备好书包"，而不是模糊地说"快点，要迟到了"。当孩子需要开始做作业时，家长可以明确指出"现在是晚上7点，按照计划你应该开始做作业了"，而不是简单地说"赶紧写作业"。通过这种具体的沟通方式，孩子可以更好地理解时间，并学会按照时间安排自己的活动。

家长可以使用时间轴来帮助孩子更清晰地认识时间。时间轴可以详细地展示一天中的各个时间段以及对应的活动，让孩子看到每个活动在一天中的具体位置。例如，家长可以和孩子一起制作时间轴，上面标注出起床时间、早餐时间、上学时间、放学后的活动安排，以及睡觉时间等。通过这样的视觉工具，孩子可以更直观地理解一天的时间分配，从而更好地管理自己的时间。这种图表不仅有助于孩子理解时间的流逝，还能激发他们规划自己日程的兴趣，培养他们的时间管理能力。

时间管理训练

白纸、直尺（带刻度）、铅笔、彩笔（三种色彩以上）、便笺纸、胶水

1. 一天的时间轴

一天的时间轴可以清晰地呈现孩子每天要做的事情和时间之间的对应关系，家长可以通过跟孩子一起完成时间轴的制作，帮助孩子更加清楚地理解自己每天的活动和时间之间的关系。在制作这张图的过程中，孩子会明白，他每天要做的事情是有规律地分布在各个时间点上的，这是帮助孩子认识时间和事情之间关系的第一步，也是非常重要的一步。

2. 制作并使用"一天时间轴"

第一步，在白纸上画出一条直线，用来表示时间轴，并在这条线上标出 24 个距离相等的点，然后准确地标注每个点所代表的时间。第二步，在横线上标注 12 点的位置，标出太阳的高度，并让孩子画出他脑海中太阳的样子。在 24 点的位置类似地标出月亮的高度，然后让孩子画出他认为的月亮的样子。第三步，引导孩子在便笺纸上分别写出每天要做的事情（一张便笺纸写一件事），家长要确保孩子把每天的主要事情都写在便笺纸上。写完之后，家长和孩子一起把便笺纸贴在一天时间轴对应的时间点下面。

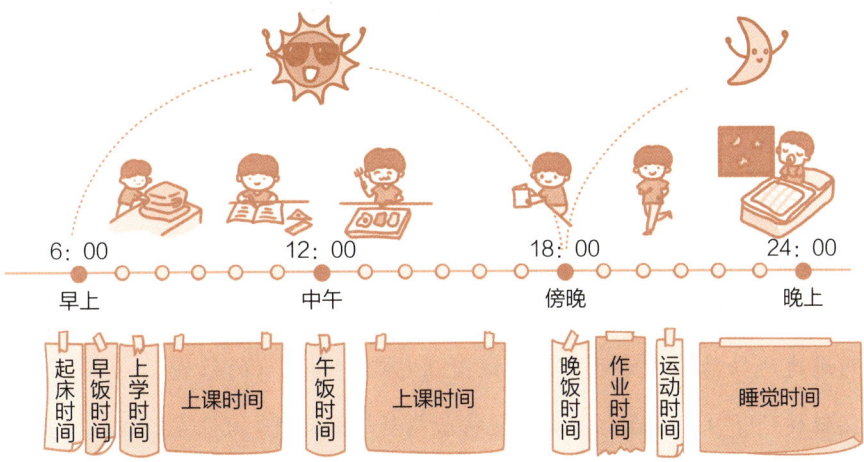

家长按照以上步骤和孩子一起完成一天时间轴的制作之后,最重要的是给孩子讲解这张图,通过讲解让孩子明白:每个人每天可以利用的时间有多少;每天的作息时间和太阳之间的关系是什么;时间浪费了是否还能找回来。

四款小游戏帮助孩子快速认读时钟

明明和妈妈坐在厨房的桌子旁,准备开始一段特别的学习之旅。妈妈拿出了一张色彩鲜艳的时钟图,这个时钟有着大大的数字和有趣的指针造型,让明明感到非常好奇。

妈妈首先教明明认识时钟的基本概念,她指着时钟说:"看,这个短指针告诉我们现在是几点,长指针告诉我们现在是几分。"明明跟着妈妈的手指,认真地观察着时钟的指针。

接着,妈妈提出了一个游戏的想法:"我们来玩一个'时间侦探'的游戏吧!我会说出一个时间,你需要用这个时钟来设置正确的时间。"明明兴奋地点点头,他迫不及待地想要开始游戏。

游戏开始了,妈妈随机说出一个时间:"现在是上午9点15分。"明明迅速地转动着时钟的指针,试图让它们指向正确的位置。他先是将短指针转到了9,然后小心翼翼地将长指针转到了15的位置。妈妈微笑着点头,表扬明明做得很好。

随着游戏的进行,妈妈开始增加难度,她会描述一个场景,让明明根据场景来设置时间。比如:"现在是下午,太阳开始下山了,爸爸快要下班回家了,你觉得现在是几点?"明明想了想,然后将时钟设置到了下午5点30分。

通过这个游戏,明明不仅学会了如何读和设置时钟,还学会了将时间与日常生活中的事件联系起来。现在,明明成了一个时间小侦探,他不仅能够准确地告诉妈妈现在是几点,还能够自己规划一天的活动,比

如早上几点起床，下午几点做作业。妈妈很高兴看到明明的进步，她知道这个游戏不仅带给了明明快乐，还帮助他建立了宝贵的时间观念。

游戏是一种自然而有趣的学习方式，能够激发孩子的兴趣和好奇心。当学习活动变得有趣时，孩子们更愿意主动参与和尝试。在游戏过程中，孩子们通常需要运用观察、思考和解决问题的能力。通过实际操作时钟，如转动指针、匹配时间和活动等，孩子们能够更直观地理解时间的概念。动手操作有助于加深记忆，而自主性学习有助于培养孩子们的独立性和自信心，同时也能够鼓励他们在生活中主动运用所学的时间知识。

下面将介绍四款好玩的游戏，它们可以帮助孩子反复练习，更好地认读时钟，认知时间。

 时间管理训练

 需要准备的工具

制作或者购买的时钟图/时钟模型（带时钟面和可移动的指针）、时间卡片

1. 时钟拼图

制作或购买一些时钟的拼图，其中包括不同的时钟面和可移动的指针。让孩子尝试根据给定的时间设置正确的时针和分针位置。这个游戏可以帮助孩子理解时针和分针之间的关系，以及它们如何表示不同的时间。

2. 时间记忆游戏

准备一套时间卡片，每张卡片上都写着不同的时间（如7：30、10：45等）。将卡片反面朝上随机排列，孩子每次翻开两张，尝试记住卡片上的时间。如果翻开的两张卡片上的时间相同，孩子就可以保留这两张卡片并继续翻开新的卡片。这个游戏可以提高孩子对时间的记忆力和识别速度。

3. 时间接力赛

用纸板制作一个大时钟模型，将孩子们分成几个小组。每个小组轮流派一个孩子跑到时钟前，根据主持人给出的时间（如"现在是8：15"）调整时针和分针到正确的位置，然后跑回队伍，下一个孩子继续。第一个完成的小组获胜。这个游戏可以让孩子在紧张刺激的接力赛中学习时间概念。

4. 时间猜猜猜

家长可以描述一个活动，比如："现在是早上，太阳刚刚升起，人们开始吃早餐，请问这是几点？"让孩子们猜测并说出他们的答案。这个游戏可以帮助孩子将日常生活中的活动与时间联系起来。

第二章

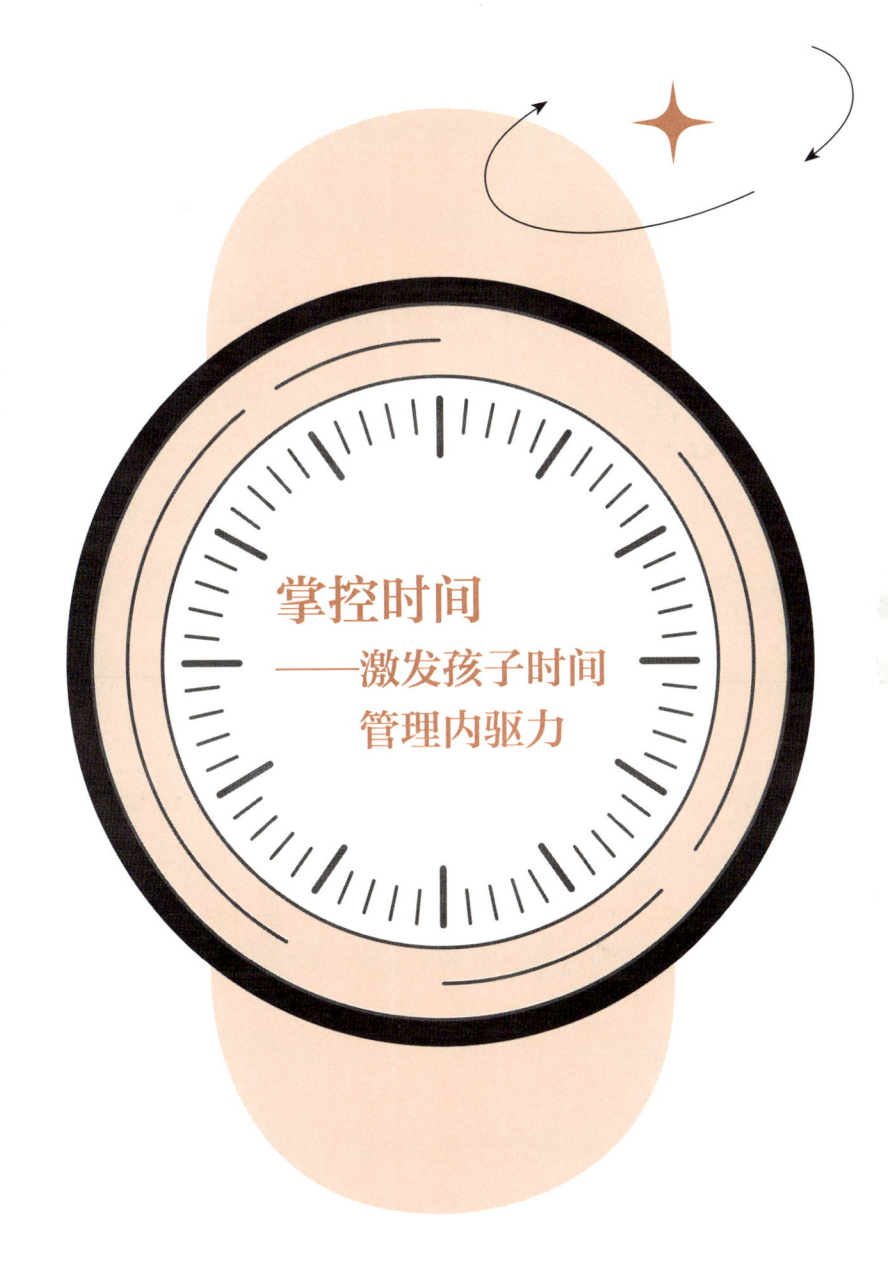

掌控时间
——激发孩子时间管理内驱力

适当放手,让孩子自主管理时间

琪琪是一个9岁的活泼小女孩,正读三年级。这天,晚饭过后,她心里惦记着老师布置的家庭作业,但同时也被电视上的动画片深深吸引。

"现在是几点?"琪琪好奇地问。妈妈看了看墙上的挂钟,回答说:"已经7点了,琪琪,你应该去做作业了。"琪琪的目光依旧紧紧锁定在电视屏幕上,她辩解道:"妈妈,我想先看完这集动画片,然后再去做作业。"妈妈皱了皱眉头,想要关掉电视,但琪琪急忙说:"妈妈,等我看完这集再做作业也不迟。如果我先做作业,等会儿就没有时间看动画片了。"

这时,爸爸走了过来,他温和地对琪琪说:"琪琪,现在是你自己决定的时候。如果你觉得现在需要休息,那就先看动画片;如果你觉得作业更重要,那就先完成它。"琪琪想了想,然后高兴地说:"好的爸爸,我决定了,我先看完动画片,然后立刻去做作业。"妈妈无奈地摇了摇头,继续做家务。琪琪看完动画片后,果然如她所承诺的那样,立刻坐到了书桌前,专注地开始做作业。她的动作迅速而高效,作业完成得又快又好。爸爸妈妈看到琪琪的表现,都感到非常欣慰,给予了她表扬。

通过这次经历,琪琪学会了如何平衡休息和学习的时间,决定以后要更好地安排自己的时间,这样既能享受生活的乐趣,也能高效地完成学习任务。

在儿童时间管理实践中,过度控制可能引发逆反心理,导致孩子注意力分散,甚至产生依赖心理,认为家长会安排一切,无须自己思考如何合理利用时间。家长适当放手,可以让孩子独立思考并规划自己的时间,以提升他们的时间管理能力。这不仅能够增强孩子的自主性,还能帮助他们学会承担责任。

在上面的故事里,琪琪面临着看电视和完成作业之间的选择困境。她倾向于先放松看电视,而妈妈则坚持她应优先完成作业。这种直接的指令可能会让琪琪感到受限制,而不是理解为什么要这样做。相对地,爸爸提出了一个不同的视角,认为应该让琪琪来决定如何分配自己的时间。爸爸建议琪琪制订一个计划,既包括完成作业,也包括看电视的时间,这样她就能体会到时间规划的重要性,并从中学习如何平衡学习和娱乐。这样,家长的角色从直接的控制者转变为引导者和支持者,他们通过提供指导和鼓励，帮助孩子建立起自我管理的信心和技能。这种方法有助于培养孩子的独立性和解决问题的能力，为他们的全面发展打下坚实的基础。

那么，爸爸妈妈应该如何引导和鼓励孩子学会自主管理时间呢？

 时间管理训练

 需要准备的工具

日程计划表、儿童手表、计时器或沙漏

1. 教导孩子制订日常计划

如果孩子对时间管理没有概念，父母可以帮助孩子建立一个日程计划，明确规划学习和休息的具体时间，并鼓励孩子按照计划行动。

2. 玩时间对对碰游戏

为了让孩子对当前时间有意识，父母可以送给孩子一只儿童手表，并定期与孩子进行时间核对的游戏。例如，父母可以说："看看你的手表，现在是上午10点，接下来的10分钟我们要一起整理房间。"

3. 实行倒计时法增强时间意识

父母可以通过倒计时的方法来帮助孩子感受时间的流逝和紧迫性。例如，可以在孩子开始阅读之前设定一个15分钟的倒计时，鼓励孩子在限定时间内完成任务，之后休息5分钟。

4. 丰富孩子的时间词汇

父母可以在日常生活中频繁地使用与时间相关的词，以此加强孩子的时间感知。例如，可以经常询问孩子："今天是星期几？""明天早上7点记得准时起床。""现在几点了？""等我1分钟。""用5分钟完成这个。""不要超过1小时。"同时，也可以教孩子一些描述时间的成语和表达，如"分秒必争""时光飞逝""转瞬即逝"等，来加深他们对时间的理解。

让孩子心中的目标感唤醒他自主管理时间的热情

时间过得真快，一晃壮壮已经7岁了，成为一名小学生。踏入小学的他立志要成为一个全面发展的"三好学生"。

一天晚上，他对爸爸说："爸爸，我也想成为'三好学生'，您能帮我吗？"

爸爸认真地回答："要成为'三好学生'，最重要的是靠你自己努力，爸爸只能给你提供指导。"

壮壮有些疑惑地问："为什么呢？"

爸爸耐心地解释："你现在是小学生了，和幼儿园时不一样。以前我们帮你安排时间，你只是被动地接受。现在，你需要学会自己主动规划时间,努力在思想品德、学习、体育各方面都做到最好。在思想品德上,你要积极参与学校活动,尊敬师长,关爱同学,乐于助人;在学习上,你要珍惜时间,合理安排学习计划,提高成绩;在体育上,你要适当锻炼,保持健康。"

壮壮听后坚定地说:"我明白了,我现在就开始制订我的'三好学生'时间表。"他立刻找来一张纸,开始详细规划自己一周的学习和锻炼计划,具体到每个小时的活动。他的计划是白天专心学习,晚上锻炼身体,平时尊老爱幼,乐于助人。

爸爸看了壮壮的时间表后,给予了一些建议,帮助他更全面地考虑如何在思想品德、学习成绩和身体素质上取得进步。经过一个学期的自我管理和努力,壮壮实现了自己的目标,被学校评为了光荣的"三好学生"。

目标感在孩子的时间管理中扮演着至关重要的角色,它不仅是孩子

自主管理时间的强大驱动力，更是塑造未来成功的关键因素。当孩子为自己设定清晰的目标时，他们会更加积极地规划日常活动，合理安排学习、休息和娱乐的时间。这种规划能力的提升，使孩子能够更高效地完成任务，避免拖延，减少时间浪费，从而在日常生活中培养出良好的时间管理习惯。

通过目标感的引导，孩子不仅能学会如何管理时间，还有助于提升管理自己行为和决策的意识和能力。这些技能将伴随他们成长，帮助他们在日趋复杂的社会中找到自己的位置，实现自己的梦想和抱负。因此，家长和教育者应当重视培养孩子的目标感，引导他们设定目标，制订计划，并鼓励他们为实现这些目标而不懈努力。

那么，父母如何引导孩子真正地掌控时间呢？

 时间管理训练

 需要准备的工具

与孩子进行深入的对话，引导孩子树立一个目标，并制订相应的时间计划表

1. 引导孩子制订计划

为了培养孩子的自主性和时间管理能力，家长可以采取积极引导的方式，帮助孩子根据自己的兴趣和需求来选择活动，并制订相应的时间计划。在这个过程中，家长可以与孩子进行深入的对话，了解他们真正热爱的事物，以及他们希望通过这些活动达到的目标。例如，如果孩子

对音乐感兴趣,家长可以协助他们设定学习乐器的具体目标,如每天练习半小时,每周学习一首新曲子。

2. 设定明确的期限

为了帮助孩子树立时间意识和提高效率,家长在日常生活中应当引导孩子为每项活动设定明确的完成时限。通过具体的指令,如"你可以再玩10分钟,然后我们要开始做作业",家长不仅为孩子提供了一个清晰的停止点,还教会了他们如何合理分配娱乐和学习的时间。这种方法能够帮助孩子理解每个任务都需要在规定的时间内完成,从而培养他们的责任感和自律性。同时,这也教会了孩子如何管理自己的时间,学会在有限的时间内做出合理的安排,确保各项任务都能得到妥善处理。通过这样的训练,孩子们将逐渐学会自我管理,减少拖延,提高生活和学习的质量。

3. 让孩子承担后果

为了培养孩子的责任感和自主性,家长应当让孩子自己承担未按计划行事的后果。例如,如果孩子未能按时完成作业或错过预定的活动,家长不应干预或提供解决方案,而要让孩子面对可能的不便或失望。这种经历会让孩子认识到遵守计划的重要性,并激励他们在未来的决策中更加谨慎和自律。通过这种方式,孩子将学会自我反省和自我调整,从而逐步发展独立解决问题的能力。

4. 提高孩子的参与感和价值感

增强孩子的参与感和价值感是激励他们积极参与家庭生活的关键。

当孩子参与到家庭的日常事务中，如一起装饰房间、准备晚餐或是参与家庭活动的规划时，他们不仅能感受到自己是家庭不可或缺的一部分，还能在完成任务的过程中体验到成就感。例如，让孩子参与选择家具的过程，共同制订布置方案或是在烹饪时负责一些简单的步骤，这样的参与不仅锻炼了他们的动手能力，也让他们在看到最终成果时感到自豪。这种正面的体验能够鼓励孩子在未来更主动地贡献自己的想法和力量，从而培养出更加自信和有责任感的个性。

3

大目标分解成小目标，孩子更容易执行

"妈妈，我放学了。"亮亮背着书包走进家门。

"快来洗手，准备吃饭吧，我做了你最爱吃的宫保鸡丁。"妈妈笑着迎接他，迅速地为亮亮盛满了米饭，并夹了许多色香味俱佳的菜肴到他的碗里。

爸爸妈妈也都坐下来准备用餐，但亮亮却显得有些沮丧。

"发生什么事了，亮亮？"爸爸关心地问。

"今天体育课上，我想和同学们一起打篮球，但我跑不快、跳不高，他们都不愿意和我一队。"亮亮难过地说，"我想变得更强壮！"

爸爸妈妈对视一笑，因为这不是亮亮第一次想要锻炼身体了。每次

他都充满热情地制订计划，但总是因为目标太远大而很快放弃。

"爸爸妈妈，你们说我该怎么办？"亮亮有些无助。

爸爸沉思了一会儿，建议道："我们这次换个方法，不再制订大目标，而是每天设定一个小目标，比如每天做 10 个俯卧撑，跳绳 10 分钟，这样一点点积累，你会觉得更容易坚持。"

妈妈也同意这个主意："对，每天的小目标可以让你看到自己的进步，而不是被大目标吓倒。"亮亮听了觉得很有道理，决定从明天开始实施。随着时间的推移，亮亮发现自己真的坚持了下来，每天的小进步汇聚成了巨大的变化，他变得更加健康和自信。

目标与计划相辅相成，目标指引方向，计划则是实现目标的具体行动。在时间管理中，将长远目标分解为短期计划，能够帮助孩子更清晰地认识到每一步的重要性和紧迫性。正如故事所示，将目标细化到每日或每周的任务，可以让孩子在较短的时间周期内看到成果，从而增强他们的动力和自律。

父母在引导孩子制订目标时，要注意将这些小目标与日常时间表结合起来，使用日程表、待办事项列表等工具来跟踪进度。这样的实践不仅教会孩子如何合理分配时间，还培养了他们的组织能力和自我监控能力。随着孩子逐步实现一个个小目标，他们的信心和自我效能感将得到提升，进而激励他们设定并达成更加宏伟的目标。

通过这样的过程，孩子学会了如何将大目标分解为可操作的小步骤，并通过时间管理来确保每一步的实施，这不仅为他们当前的学习生活带来秩序，更为将来实现长远目标奠定了坚实的基础。

时间管理训练

需要准备的工具

笔、公告板／目标展示墙、小奖品

1. 为孩子设定切实可行的短期目标

父母应根据孩子的爱好和日常生活来设定短期且可实现的目标，这些目标应略高于孩子目前的技能水平，如逐渐提升运动的难度。对于那些过于理想化或难以实现的目标，家长需要及时帮助孩子进行调整，以确保目标是可实现和可评估的。这样可以确保孩子在追求目标的过程中保持动力和信心。

2. 将目标形象化和可视化

为了帮助孩子更好地理解和记住目标，父母可以引导孩子利用绘画或创意手工等形式，将目标具象化并直观地呈现出来。完成后，将这些作品放在孩子容易看见的地方，比如房间的公告板或墙上，以此作为持续的提醒和激励，让孩子时刻保持对目标的关注和努力。

3. 为目标设定一个较短的完成时限

设定目标时，应选择较短的任务期限，以保持孩子的积极行动力。孩子的耐心和毅力往往有限，过长的期限可能导致他们失去兴趣和动力。因此，目标应在较短的时间内，如一周或一个月内实现，避免拖延和懈怠。每完成一个小目标，及时给予孩子奖励。对于需要长期努力的目标，家长应将其分解为多个短期目标，让孩子能频繁感受到完成目标的成就感，从而激励他们继续前进。

4

画好一张图，持续激发孩子的兴趣，培养目标感

月末的一天，明明无精打采地回到家，一屁股坐在椅子上。

父亲注意到了他的情绪，关心地问："明明，今天看起来不太高兴，发生了什么事？"

明明叹了口气，回答说："爸爸，这次的月考成绩不理想。"

父亲放下手中的报纸，认真地说："我们一起看看能不能找到原因。"

他拿出一张白纸和笔，继续说："告诉我，哪些科目的成绩不如

预期?"

明明递给父亲成绩单,并说:"英语得了76分,数学只有62分……"

父亲仔细地看过成绩单后,平静地说:"我们需要找出问题所在,然后你来设定一个针对性的学习目标,每周进行一次回顾,看看一个月后的进步。"

明明有些迷惑地问:"那我应该怎么制订学习目标呢?"

父亲拿起笔,在纸上迅速地画出了一片天空和几颗星星,说:"在这些星星里面,规划下个月的学习内容和完成目标吧。"明明开始认真填写,在星星里详细列出了每天的学习任务和下个月期望实现的学习目标。写完之后,他惊喜地说:"原来学习计划可以这么明确!"他信心满满地对父亲说:"我会按照这个计划去做的。"父亲鼓励地点头:"很好,那就开始行动吧!"

父母在孩子成长过程中的过度干预,可能会导致孩子在面对众多活动时显得无动于衷,缺乏积极性。当孩子们在活动选择、社交往来,乃

至饮食习惯上都受到家长的严格把控时,他们鲜少有机会自己作出决策,这样的环境可能会逐渐削弱他们探索未知和设定个人目标的动力。

为了重新点燃孩子内心的火花,家长可以采取一种更为开放和鼓励的方式。比如,家长可以和孩子一起绘制一张"梦想星空图",让孩子在这张图上自由地绘制或记录自己的兴趣、梦想和目标。这个创造性的过程能够让孩子认识到自己的独特之处,鼓励他们去追求内心真正渴望的东西。

梦想星空图

通过这种方式,孩子不仅能够学会自我探索,还能够学习如何设定目标和规划未来。家长的角色从决策者转变为引导者和支持者,为孩子提供一个充满爱与自由的成长环境。孩子在追求自己绘制的梦想时,将逐渐培养出独立性、自信心以及解决问题的能力,这些品质对他们的全面发展至关重要。

时间管理训练

> **需要准备的工具**
> 梦想星空图纸 / 普通 A3 白纸、彩笔

为了激发孩子的梦想和目标意识，家长可以采取以下步骤：

1. 准备材料

家长应准备一张梦想星空图纸，可以是专用的图纸或简单的大白纸，并提供彩笔供孩子使用。指导孩子在纸的中心画上一颗代表自己的大星星，并在周围画上一圈小星星，每个小星星的大小要足够写下至少 5 个汉字。

2. 探讨梦想

与孩子进行关于梦想的对话，分享彼此的梦想故事，鼓励孩子将自己的梦想和愿望填写在梦想星空图中的星星里，以此作为实现梦想的起点。

3. 明确目标

与孩子一起在梦想图的小星星上填写他们的中长期目标。询问孩子关于未来一年的愿望和计划，以及接下来三个月的具体小目标，并将这些目标分别填写在梦想图的不同圈层中。在此过程中，家长应以提问的方式引导孩子，同时避免对孩子的答案进行否定，尊重孩子的

想法。

4. 思考实现途径

完成梦想图后,家长应引导孩子思考如何实现这些目标。询问孩子为什么设定这些目标,以及实现这些目标需要采取哪些行动和时间安排。对于孩子的每个目标,讨论接下来的行动计划和家长可以提供的支持。

通过这个过程,家长不仅能够更深入地了解孩子的内心世界,还能帮助孩子建立起实现梦想的信心和计划。如果孩子难以提出目标,家长应考虑如何扩展孩子的知识面和视野,而不是责怪孩子。

5

角色棋盘法帮孩子分清界限,告别依赖

浩浩一直是个依赖心很强的孩子。他总是习惯于让父母帮忙解决所有问题,从做作业到收拾书包,甚至决定每天穿什么衣服。随着浩浩渐渐长大,父母意识到需要教会他独立和承担责任。

有一天,爸爸带回了一副中国象棋,他告诉浩浩,他们将通过这个游戏来学习家庭成员之间的界限。爸爸首先向浩浩介绍了象棋的规则,每个棋子都有其特定的移动方式和作用,只有正确发挥每个棋子的功能,

才能赢得比赛。

接着,爸爸引导浩浩思考,如果把家庭比作一盘棋,那么每个家庭成员都扮演着什么角色。浩浩开始明白,就像象棋中的每个棋子一样,家里的每个人都有自己的职责和任务。爸爸是家庭的经济支柱,妈妈负责家务和照顾家人的健康,而浩浩作为孩子,主要责任是好好学习,打理自己的事务。

爸爸鼓励浩浩制订一个日常任务清单,包括自己做作业、整理书包和选择衣服等。浩浩开始尝试按照清单上的事项行动,每当他完成一项任务,就在清单上打个钩。渐渐地,浩浩发现自己不仅能完成自己的任务,还能在父母忙碌时帮忙做一些家务。

几周后,浩浩的变化让父母感到惊喜。他不再依赖父母来作决定,而是学会了自己规划时间和任务。浩浩也意识到,虽然父母会一直支持他,但他需要为自己的生活负责。

在上文所述的故事中,爸爸采用了一种创新的教育方法——角色棋盘法来教导浩浩理解家庭成员各自的责任和义务。这种方法通过棋盘游戏的形式,将家庭成员的角色和职责具象化,让孩子在游戏的过程中,扮演不同的家庭成员角色,体验和理解每个角色所承担的不同任务和期望。

角色棋盘法不仅增加了教育的趣味性,还促进了孩子对家庭角色的深入思考。浩浩在游戏中可能需要作出决策,比如作为"家长"时,他需要考虑如何平衡家庭预算,或是作为"孩子"时,他需要学会如何安排自己的学习和娱乐时间。

通过这种互动性强的游戏方式,孩子能够更直观地看到每个角色在家庭中的作用和影响，以及这些角色在更广泛的社会环境中的功能。例如，孩子可能会意识到家长在家庭中提供支持和指导的重要性，或是认识到作为家庭成员，每个人都需要为家庭的和谐与进步贡献自己的力量。

此外，角色棋盘法还能够帮助浩浩培养同理心，学会站在他人的角度思考问题。当他在游戏中扮演不同的家庭成员时，他能够体验到不同角色的感受和挑战，从而更好地理解和尊重家庭成员的多样性。

时间管理训练

需要准备的工具

一副中国象棋、白纸、笔

1. 讲解原理

家长准备一副中国象棋，向孩子介绍象棋的基本规则，强调每个棋子的独特功能和在棋局中的重要性，说明每个角色都有其特定的职责。家长可以问孩子，如果他的班级是一盘棋，那么每位同学、老师，都相当于棋盘上的哪颗棋子？每个人在班级这个小社会中扮演着怎样的角色？通过这样的讨论，孩子可以自己思考并写下同学和老师在现实生活中承担的不同责任。在这个过程中，家长提供指导和启发，帮助孩子更深入地理解每个角色的重要性和相互之间的依赖关系。

2. 明确职责

家长可以与孩子一起探讨家庭中每个成员的特定职责，鼓励孩子记录每天家中每个成员需要完成的任务，包括自己的。在孩子完成列表（表 2-1）后，家长应帮助孩子考虑全面，确保没有遗漏任何责任。家长可以引导孩子思考父母的职责是否可以互相取代，让孩子理解每个家庭成员都有其独特的角色和任务；家长还可以询问孩子是否认为父母可以代替他完成所有事情。通过这样的讨论，孩子将认识到自己的责任，并开始理解家庭成员之间的界限。这个过程不仅有助于孩子明确自己的职责，也为培养他们的独立性打下了基础。

表 2-1　家庭成员职责表

家庭成员	职责内容	备注
爸爸		
妈妈		
我		

3. 监督执行

家庭成员职责表完成后，每个家庭成员在表格下方签名，表示愿意承担相应的责任。将填写好的家庭成员职责表贴在家中显眼位置，既作为提醒和警示，也方便家庭成员相互监督和提醒，确保每个人都能履行自己的职责。

通过这种方法，孩子不仅能认识到自己在家庭中的角色，还能学会尊重和理解家庭成员的责任，为成长为独立负责的个体打下坚实的基础。

6

教会孩子做时间计划表，培养时间规划能力

"哎呀，不好了，时间紧迫！"洋洋急忙穿上校服。

"先吃点早餐再出门吧！"妈妈招呼。

"真的赶不上了！"洋洋边说边抓起书包，急忙冲出家门……

"今天还算走运，虽然没吃早饭肚子一直叫，但至少没迟到。"

洋洋心里默默想着，回想起昨晚因为沉迷游戏而耽误了时间，导致作业拖到深夜才完成，他感到十分后悔。

放学铃声响起，洋洋回到家中。

"洋洋，你回来啦？"妈妈在厨房里忙碌着。

"妈妈,我决定了,我要制订一个日常作息表。"洋洋认真地说。

"很好呀,你有什么想法?"妈妈停下手中的活儿,关心地问。

"我打算早上7点起床,5分钟内穿好衣服,接着用15分钟洗漱,5分钟上厕所,然后花15分钟吃早餐,7点40分准时出门。"洋洋详细地规划着。

"不错,计划听起来很周全。我来帮你记下来。"妈妈边说边拿起笔在纸上记录,"那晚上的时间怎么安排呢?"

"放学回家路上大概需要半小时,回家后先整理一下,然后开始做作业,接着吃晚饭。"洋洋继续规划。

"等一下,做作业和吃晚饭分别需要多长时间呢?"妈妈细心地追问。

"我计划用1小时来完成作业,晚餐则安排20分钟。"洋洋回答。

"好的。"妈妈一边记录一边点头。

"晚饭后大约7点50分,我可以稍微放松一下。9点开始洗漱,洗漱需要20分钟,然后花半小时阅读,争取在10点前上床睡觉。"洋洋继续完善着他的计划。

"这个安排听起来不错,不过晚饭后的时间不能全部用来玩,要不要考虑安排一些其他活动?"妈妈提议。

"那我就周二和周五晚上帮忙做家务,然后看电视,周一晚上读课外书,周三晚上画画,周四玩乐高。"洋洋积极响应。

"好主意,那我们就把这些计划做成表格,打印出来,贴在你卧室的墙上,让你能够随时监督自己。"

"太好了,我同意!"洋洋兴奋地回答。

在指导孩子进行时间管理的过程中,我们不仅要关注那些可以预见的时间段，即"已知"时间，还要重视那些充满变数的"未知"时间。由于"未知"时间的不确定性较高，因此对其的管理核心在于进行周密的规划。通过对儿童日常活动的观察和记录，我们可以发现某些重复出现的模式，这些模式反映了经常性的行为和活动，我们能够较为容易地识别并预测这些"已知"时间。

那么，如何培养儿童规划"未知"时间的能力呢？家长可以通过引导孩子制订时间计划表，帮助他们学会如何为未来的活动和事件预留时间。鼓励儿童参与多样化的活动和挑战，这样可以帮助他们适应不确定性，并在面对未知情况时能够灵活调整计划。

时间管理训练

需要准备的工具

白纸、笔

制订一个有效的日常生活作息表是提高生活质量和学习效率的关键。以下是详细且易于理解的制订步骤：

1. 确定日常必要活动

需要确定哪些活动是孩子每天必须完成的，如洗漱、吃饭、睡觉、上课、做家务等。指导孩子将这些每天必须完成的活动按照时间顺序填入表格中。例如，早上起床后的第一件事可能是洗漱，然后是吃早餐，接着是上学。确保为每个活动分配合理的时间，并考虑到活动之间的过渡时间。

2. 明确个人目标和兴趣

在安排了必要活动之后，考虑将孩子的个人目标和兴趣融入作息表中。例如，如果孩子想要读书，可以安排在晚饭后或睡前的半小时；如果孩子想练习钢琴，可以选择在放学后的空闲时间。同时，为每项活动估算一个大致的时间长度，比如做作业可能需要 1 小时，吃饭 15～20 分钟。

3. 设计时间表格

找一张空白纸或使用电子表格软件，创建一个时间表格。你可以按照一天的时间顺序，将一天划分为早晨、上午、中午、下午和晚上等时间段。确保表格的布局清晰，方便你后续填充和调整。

4. 调整和优化

在初步填写完表格后，回顾并调整孩子的时间安排。确保所有的活动都有充足的时间完成，并且考虑到了可能的意外情况或额外任务。如果有必要，可以为突发事件预留一些机动的时间。

5. 执行和监督

最后，将孩子的日常生活作息表打印出来或保存在容易查看的地方。每天按照作息表行动，并监督自己的执行情况。如果发现某些安排不太实际或需要改进，及时调整作息表以适应新的需求。

需要注意的是，制订日常生活作息表的过程需要家长亲自参与和不断调整。只有当家长对孩子的计划感到认同和满意时，孩子才能更轻松地坚持并完成每一项活动。通过这种方式，孩子不仅能够更有效地管理时间，还能享受到实现个人目标带来的成就感。

7

让孩子在奖励中学会节约时间

泺泺是五年级的学生，他的妈妈对他抱有很高的期望，并为他制订了详尽的学习计划。每当泺泺未能按时完成妈妈布置的任务或未达到预期目标时，他就会遭受妈妈的严厉批评，得到额外的学习任务作为惩罚。

实际上，泺泺对学习并不感兴趣，对这些计划也漠不关心。每天放学回家，他都是在父母的督促下不情愿地开始写作业，而且总是拖拖拉拉，直到深夜11点才勉强完成。

由于晚上睡得晚，泺泺早上总是不愿意起床，经常迟到，上课时也提不起精神，经常走神。在完成老师布置的作业时，他也是能拖则拖，最终草草了事，学习成绩自然不理想。泺泺的拖拉不仅在学习上体现得淋漓尽致，在日常生活中也是如此，无论是起床、吃饭还是完成父母交代的任务，他总是拖拖拉拉。

泺泺的父母尝试了各种方法，但情况始终没有改善，这让他们感到非常烦恼。随着小学升初中的关键时期临近，泺泺似乎并没有意识到形势的严峻，依然得过且过，对学习没有任何热情。妈妈意识到必须要改变这种状况，于是开始研读各种教育相关的书籍。

通过阅读，妈妈逐渐明白洣洣的问题部分源于自己的教育方式。过于严格的态度和不断的批评让孩子失去了信心，产生了自卑感。洣洣越是担心自己做不好，结果就越是不尽如人意。尽管他付出了不少努力，但妈妈只关注结果，导致洣洣逐渐失去了积极性和上进心。

意识到问题所在后，妈妈开始改变自己的教育方法。她首先与洣洣进行了深入的交谈，了解他目前状况的具体原因。通过交流，妈妈发现洣洣不珍惜时间的另一个原因是缺乏明确的目标和努力的方向，不知道如何有效利用时间，因此选择了消极的"磨洋工"态度。

为了解决这些问题，妈妈开始采取新的策略。她首先引导洣洣学会自我设定目标，在制订目标的过程中，妈妈避免了之前的命令式口吻，而是采用了协商的方式，与洣洣一起讨论和制订计划，使孩子更愿意接受和执行。此外，妈妈还为洣洣设立了一套奖励机制，每当他完成一个目标，就会得到相应的奖励，这极大地提高了洣洣的积极性和自我驱动力。通过这些改变，洣洣不仅在学习上取得了显著的进步，也学会了如何更好地管理自己的时间和生活。

适当的激励能够提供持续前进的动力，对孩子而言，奖励显得尤为重要。要培养孩子的时间观念，奖励机制是关键。这种奖励不应局限于口头表扬，物质奖励同样重要。巧妙结合这两种奖励，能更有效地推动孩子的成长，教他们认识到时间的宝贵。

洣洣妈妈在故事中采取的教育策略确实值得肯定。要纠正孩子不珍惜时间的不良习惯，单纯依靠责备和催促是不够的。智慧的家长会效仿故事中的妈妈，通过不断学习，调整教育策略，并制订适合孩子的奖励机制，引导孩子学会重视时间，有效利用节省下来的时间。

时间管理训练

需要准备的工具

购买/自制的记分卡、代金币、白纸、画笔、红色和蓝色水彩笔

1. 记分卡

记分卡是用于记录积分的卡片，但其功能不限于记录分数，它还可以包含积极的鼓励语句。记分卡的形式多样，一种形式是在卡上记录孩子的得分，表现好则加分，这种卡片比较容易携带，建议家长带着孩子出门时随身携带，及时对孩子的良好行为进行奖励，如礼貌待人、助人为乐、写作业快速又准确、英语表达流利、主动帮忙做家务等。另一种是奖励卡，既有学习相关的称号，如"学习之星"，也有生活方面的，如"家务小能手"。这种卡片虽不便携带，但适用于家庭环境。建议结合使用两种卡片，既能丰富奖励方式，又能适度控制积分。

2. 代金币

代金币是代表钱币或奖品的标记，用于表彰良好行为，积累到一定数额可兑换实际奖励。这种制度将普通物品与激励性奖励关联，发挥强化作用，促进行为和习惯的正向改变。代金币的形式多样，包括印章、

环保币、不同形状的币状物等，不局限于金属或圆形，可根据孩子的喜好设计成各种形状。家长和孩子可以共同制作代金币，或购买专门的儿童代金币，甚至使用纽扣、小玩具等作为代金币。建议选择分值小的代金币，便于后续奖励兑换。

3. 红蓝心表格

红蓝心表格是一种创新的行为管理工具，它将孩子的日常任务细分并整理成一张清晰的表格。在这个表格中，每项任务都被仔细地列出，并分门别类地放置在适当的区域。家长或老师可以根据孩子在每项任务上的表现，在后面相应地打上红心或蓝心的标记。红心代表出色地完成任务，而蓝心则意味着需要改进。这种直观的颜色标记系统，不仅使孩子能够清晰地看到自己的表现，还能够激发他们的积极性，鼓励他们努力获得更多的红心。

8

全家总动员，来一场时间管理挑战赛

周末的早晨，乔乔一家都在家中享受悠闲的时光。乔乔虽然一早就说要开始写作业，但时间一分一秒过去，他的作业本上依旧空白。爸爸虽然承诺要帮忙做家务，却也迟迟未动手，只留下妈妈独自忙碌。终于，妈妈解下围裙，坐在沙发上，严肃地宣布："开会了！"爸爸和乔乔听到这话，意识到妈妈不高兴了，赶紧走出房间。

"妈妈，发生什么事了？别生气啊。"乔乔试图安慰妈妈。

爸爸也关心地问："亲爱的，怎么了？为何这么生气？"

妈妈看着他们，说："你们俩，一个说要写作业却没动笔，一个说要帮忙却不见人影。我一个人忙里忙外，做饭、洗碗、洗衣、打扫，累得不行。今天，我们来个比赛，赢了有奖，输了有惩罚。"

爸爸和乔乔好奇地问："什么比赛？"

妈妈继续说："我们来一场时间管理比赛。爸爸负责工作和洗衣服，乔乔负责写作业和整理卧室，我负责其他家务。谁最快完成任务，且质量达标，就是赢家。赢家可以实现一个愿望，输的人明天要帮忙做饭洗碗。"

妈妈宣布，"比赛从下午1点开始，现在去准备吧。"

1点一到，乔乔立刻投入写作业。到了下午2点，妈妈询问进度，爸爸的工作还没完成，而妈妈已经打扫完卧室。乔乔听到这，也加快了速度。

傍晚时分，妈妈宣布结果：乔乔第一个完成任务，虽然作业有小错，但整体表现不错。爸爸妈妈为他鼓掌。

乔乔兴奋地说："今天很充实，作业写完了，还能实现愿望，谢谢妈妈。"

妈妈笑着说："时间用得好，可以完成许多事，比懒散一天强多了。"

乔乔认真地点了点头。

在案例中，乔乔妈妈为了让孩子认识到时间的价值，特意组织了一场全家参与的挑战赛，并以奖品作为激励。这场竞赛不仅成功地引起了孩子的兴趣，还显著提升了家庭成员的参与热情和执行力。实际上，这种集家庭互动与奖励机制于一体的比赛，能够有效地激发孩子的积极性，可以让他们感受到"不拖拉、不懒散"带来的好处，尝到合理利用时间的甜头，这对他们学习时间管理是个很好的开头，起到激励的作用。

时间管理训练

需要准备的工具

小奖品若干（由家庭成员共同商定）

1. 制订规则

家庭成员共同讨论并制订比赛的基本规则，包括比赛的任务、时间限制、评分标准和奖励措施。确保规则公平合理，适合所有参与者。

2. 分配任务

根据家庭成员的年龄和能力，合理分配任务。例如，孩子负责整理玩具、完成作业，父母负责清洁特定区域、做饭等。

3. 设定时间限制

为每项任务设定一个合理的时间限制，这将增加比赛的挑战性和紧迫感。

4. 开始比赛

在指定的开始时间，全家一起启动各自的任务。可以使用计时器或闹钟来帮助大家控制时间。

5. 监督和支持

在比赛过程中，家庭成员可以相互监督，确保每个人都专注于自己的任务。同时，提供必要的支持和鼓励，帮助彼此克服困难。

6. 评估结果

任务完成后，共同评估每个成员的表现。可以根据完成任务的速度、质量以及过程中展现的团队合作精神来进行评分。

7. 颁发奖励

根据评分结果，对胜出者给予奖励，可以是小礼物、额外的休闲时间或其他家庭成员承诺的特殊待遇。同时，鼓励未获胜的成员不要气馁，从经验中学习，下次努力做得更好。

8. 总结反馈

全家一起讨论这次活动的感受和收获，分享自己在时间管理上的成功经验，坦诚地提出改进的想法。通过交流，每个家庭成员将获得宝贵的建议，对如何更高效地利用时间会有更深的理解和共识。

9

让孩子体会到"统筹时间"的成就感

周六早晨，小雅像往常一样躺在床上，等待妈妈的叫醒。但今天，妈妈并没有如约而至。小雅终于忍不住叫喊："妈妈，你在哪里？"

妈妈走进房间，严肃地告诉小雅，她和爸爸决定让小雅自己安排周末的时间，但如果小雅想参加明天的有趣活动，她必须今天完成自己的事务。小雅兴奋地跳了起来，确认自己可以自由支配时间。

妈妈离开后，小雅兴奋地规划起自己的一天。但直到饥饿感驱使她起床，她才慢慢起身。洗漱完毕，小雅发现餐桌上空无一物，询问妈妈后才得知，因为小雅没有及时起床，早餐已经收拾了。妈妈留给小雅一些凉掉的饭菜，并告诉她需要自己加热。虽然感到有些委屈，小雅还是按照妈妈的话做了。

吃过饭，小雅立刻投入到电脑游戏中，直到傍晚才意识到自己还有许多事情没做。她开始抱怨妈妈没有提醒她写作业，但妈妈提醒她早上的约定。小雅只得匆忙开始写作业，直到深夜。

第二天，尽管小雅跟着父母外出，但因为前一晚的疲惫，她并没有玩得很开心。晚上，小雅哭泣着向妈妈诉说自己的不满。妈妈耐心地安慰她，并引导小雅思考原因。小雅意识到自己的时间管理出了问题，并承诺下次会做得更好。

下一个周末，小雅早早起床，整理房间，安排好自己的事务。她先完成作业，再适度娱乐，晚上还阅读了一会儿。第二天，父母带她出去玩，她感到非常满足。晚上，小雅告诉妈妈，她终于体会到了合理安排时间的重要性，并承诺以后不再需要妈妈催促。妈妈为小雅的成长感到骄傲。

在孩子的时间管理教育上，许多家长常用的手段包括不停地唠叨、催促，甚至紧盯着孩子的行为，从清晨醒来的那一刻就开始了。家长们可能会说"宝贝，快起床，太阳都晒到你的小屁股了"，或者"你还赖在床上，真是太懒了"。起床后，又是一连串的催促："快来吃饭，我们不会等你""赶紧写作业，不然明天怎么上学"。然而，如果我们尝试换位思考，就能理解这种不断的催促和唠叨是多么让人厌烦。这样的做法不仅不能达到预期的效果，反而可能引发孩子的逆反心理。

就像故事中的小雅妈妈，她曾经也是每天催促孩子做这做那，但后来她改变了策略——只是通知和告知，让孩子自己承担后果。这种改变带来了不同的结果。一开始，缺乏约束的小雅变得非常放纵，但最终她尝到了苦果，并自己意识到了问题所在。在这个过程中，小雅的妈妈并没有多说什么，因为孩子的自我体验比任何外界的督促都要有效。

时间管理训练

需要准备的工具
小奖品若干（由家庭成员共同商定）

1. 给孩子自主权

为了培养孩子的时间管理能力，家长应当鼓励孩子自主管理时间。这意味着让孩子参与到日常事务的规划中来，比如安排作业时间，选择兴趣爱好的活动时间，甚至是决定家庭活动的参与方式。在这个过程中，家长可以提供指导和建议，但最终的决定权应当交给孩子。通过这种方式，给予孩子一定的自由度，让他们在安全和合理的范围内作出自己的选择，这样的自主权能够增强孩子的责任感和自信心，让他们在成功管理时间后感受到成就感和满足感。

2. 创造成功体验

家长要为孩子提供充足的机会去实践并成功地管理自己的时间，可以通过设定合理的目标、分配适当的任务、适当设置奖励，并监督孩子自主规划和执行来实现。当孩子按时完成了作业、提前准备考试或者有效地平衡了学习和娱乐时，他们不仅能够感受到完成任务带来的满足感，还会因为自己的努力和成就而感到自豪。这种正面的反馈和成功的体验将极大地促使孩子继续保持良好的时间管理习惯，从而在未来的学习和生活中更加自信，有序地安排自己的时间。这些成功的体验会激励他们在未来更好地管理时间。

3. 反思与调整

家长应定期与孩子坐下来，共同审视和分析时间管理的成效。在这个过程中，家长可以引导孩子思考哪些策略和方法取得了预期的成果，哪些又不尽如人意。通过这种反思，孩子能够认识到自己的长处和短板，学会从经历中吸取教训。家长应鼓励孩子勇于尝试新的管理技巧，并在实践中不断调整和完善自己的时间管理计划，以促进持续的个人成长和进步。这种积极的互动不仅有助于孩子形成良好的时间管理习惯，还能增强他们的自我监控和自我调整能力。

第三章

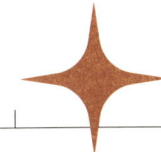

科学规划
——培养良好的时间管理习惯

1

时间日志，记录孩子一天的情况

夜幕降临，家中弥漫着晚餐后的温馨气息。

筱筱的妈妈坐在书桌旁，手中拿着一本小巧的册子，正聚精会神地记录着什么。

筱筱好奇地凑了过去，问道："妈妈，您在忙些什么呢？"

妈妈抬起头，微笑着回答："我在做时间日志，帮助自己更好地管理时间。"

"时间日志是什么？"筱筱一边问，一边好奇地翻开那本小册子。

册子里密密麻麻地记录着一天的活动——

早晨6点起床，晨练半小时。

7~8点准备早餐并清洗餐具。

8~9点打扫卫生，整理家务。

9~10点去超市购买日常所需……

筱筱惊讶地看着这些记录，问："妈妈，这些都是您亲自记录的吗？"

妈妈点头肯定："是的，通过记录，我可以更有效地利用时间，避免无意义的浪费，找出可以提高效率的空间。"

筱筱感到十分敬佩："妈妈，您真有办法！原来时间日志这么有用，难怪您总是那么有条不紊。"他眼中闪烁着兴奋的光芒："我也想尝试做时间日志！"

妈妈鼓励他："当然可以，这是个非常好的习惯。"

随着时间的推移，筱筱开始意识到自己的一些习惯可以改进。比如，他发现每天早上选择衣服会花费不少时间。通过提前规划好第二天的着装，并在睡前准备好，他大大缩短了早晨的准备时间。这个发现让筱筱更加坚定了持续做时间日志的决心，他相信这样做会让自己变得更加高效。

从小培养孩子记录时间日志的习惯，将使他们终身受益。在记录和分析时间日志的过程中，孩子能够清晰地识别出哪些活动是有益的，哪些可能是浪费时间的。这样的认识促使他们主动调整日常行为，优化时间分配，从而在学业、兴趣爱好和家庭生活之间找到平衡。时间日志的记录和回顾也为孩子与家长提供了共同交流和反思的机会。家长可以借此了解孩子的日常活动和内心想法，指导他们改进时间管理策略，同时加强家庭成员间的沟通和理解。这种积极的互动有助于建立和谐的家庭关系，并为孩子营造一个支持和鼓励性的成长环境。

时间管理训练

需要准备的工具

普通白纸、笔、时钟/手表、计时器

1. 分析孩子的日常活动时间，发现时间管理的盲点

在开始制订详尽的时间表和待办事项清单之前，家长们首先需要深

入了解孩子一天的活动模式。这包括记录孩子们的日常活动，如起床、用餐、睡觉等，以及每项活动所花费的时间。通过这样的记录，家长们可以观察到孩子在哪些活动中花费了较多的时间，从而识别出可能存在的问题和时间管理的盲点。以一周为周期进行这样的记录和分析（表 3-1），可以帮助家长们更全面地了解孩子的活动模式。

表 3-1　一天行为记录表

事项	计划开始时间点	实际开始时间点	任务结束时间点	时长	备注

2. 记录时间日志的方法

（1）开始前，先想好一天中要完成的事情，并按照时间顺序或者优先级排序，将事情填写到时间日志表格中。

（2）记录计划开始时间点、实际开始时间点和任务结束时间点。

（3）每完成一项任务，及时在日志中记录下结束时间，并填写实际用时。对每一项任务的实际用时进行统计，以便了解时间分配情况。

（4）反思与总结。在日志的备注栏中，对用时较长或较短的任务进行反思，找出原因，并与家人讨论可能的改进措施。

表 3-2 展示了日志记录的参考样例。

表 3-2　一天行为记录表

事项	计划开始时间点	实际开始时间点	任务结束时间点	时长	备注
起床	6：20	6：30	6：40	10 分钟	赖床、动作慢
洗漱	6：40	6：50	7：00	10 分钟	磨蹭
早餐	7：00	7：20	7：30	10 分钟	吃得少
出门	7：30	7：30	—	—	准时，但出门准备仓促
上课	8：00	8：00	16：00	8 小时	根据老师反映的情况或孩子的描述填写
放学后	17：00	17：00	—	—	只顾着玩
晚餐	18：00	18：00	18：20	20 分钟	运动量大，食欲很好
餐后	18：20	18：20	18：40	20 分钟	玩游戏
写作业	18：40	19：00	20：30	90 分钟	注意力不集中，遇到难题就想放弃
练习乐器	20：30	20：40	21：10	30 分钟	不专心
睡前洗漱	21：10	21：20	21：30	10 分钟	不愿洗漱
上床睡觉	21：30	21：40	—	—	磨蹭、不愿睡觉

　　计划开始时间和实际开始时间之间的差异，以及任务所耗费的时间，可以揭示孩子拖延的程度。家长通过细致地观察，可以对孩子的行为表现和潜在的问题进行评估和判断，探究这些行为背后的深层原因，从而制订出恰当的策略和计划，以精准有效地解决孩子时间管理方面存在的问题。

2

通过便笺制订"今日必做清单"

筱筱今天的任务清单长得让人眼花缭乱：预习语文、复习历史、背诵100个英语单词、练习书法，还有阅读绘本、练习钢琴，以及去朋友鹏鹏家玩耍。

面对如此繁重的日程，筱筱不禁感到有些焦虑。

看到筱筱愁眉苦脸的样子，爸爸忍不住打趣道："遇到什么难题啦，筱筱？"

筱筱把自己的计划告诉了爸爸。

爸爸听后笑着说："你这计划，连超人都得喘口气呢！一天之内完成这么多事情，你得高效管理时间才行。你可以试试用便笺来制订一个'今日必做清单'。"

说完，爸爸递给筱筱一张便笺纸，指导他如何使用："在左边列出今天必须完成的事情，在右边列出你想做的事情，然后估算一下每项任务需要多少时间。"

爸爸继续说："记住，首先要完成的是那些必须做的事情。如果有些任务太耗时，一天之内完成不现实，那就先完成最重要的部分。这样，你就可以用节省下来的时间去做你想做的事情，让你的计划变得可行。"

筱筱恍然大悟："原来如此！预习、复习和练习书法是今天的必做事项。我可以分批背诵单词，今天先背50个，这样我就有时间练钢琴和去鹏鹏家玩了！"

爸爸鼓励筱筱："没错，关键是要养成'今日事，今日毕'的好习惯。"

筱筱的心情顿时轻松了许多："现在我知道怎么安排了，我要开始行动了！"

通过便笺制订"今日必做清单"是一种简单而有效的时间管理技巧，可以帮助你更好地组织和安排一天的事务。以下是详细的步骤说明，教你如何使用便笺来创建一个实用的"今日必做清单"。

时间管理训练

需要准备的工具

便笺纸、笔、时钟/手表

1. 准备便笺

选择一些颜色鲜艳的便笺，以便引起你的注意。你可以使用不同颜色的便笺来区分不同类型的任务，比如学习、家务或个人事务。

2. 列出所有任务

在一张纸上，快速列出你今天需要完成的所有任务。不要担心排序或分类，只需把所有想到的任务都写下来。

3. 任务分类

将任务分为两类：必须完成的任务和想要完成的任务。必须完成的任务是那些不做会影响你的学习或日常生活的事项；想要完成的任务则是那些你希望完成但并不紧急的事项。

4. 估算时间

为每项任务估算一个大致的完成时间。这将帮助你在规划时做出更合理的时间分配。

5. 优先级排序

根据任务的紧急程度和重要性，对任务进行优先级排序。将最重要和最紧急的任务放在清单的顶部。

6. 制作便笺

将每项任务写在单独的便笺上。对于必须完成的任务，可以使用更醒目的颜色；对于想要完成的任务，可以使用较淡的颜色。

7. 安排时间

根据你为每项任务估算的时间，确定每项任务的具体执行时间。将一天分成几个时间段，并为每项任务分配一个时间段。

8. 张贴便笺

将写有任务的便笺按照预定的时间顺序张贴在你经常能看到的地方，比如电脑显示器旁、冰箱门上或写字桌前。这样，你就能时刻提醒自己要完成的任务。

9. 执行任务

开始按照便笺上的顺序执行任务。每完成一项任务，就将其从墙上揭下并移到已完成区域。这不仅能让你有成就感，还能帮助你保持动力。

10. 调整和反思

在一天结束时，回顾你的清单和完成情况。如果有未完成的任务，思考原因并调整你的计划。同时，反思哪些方法有效，哪些需要改进，以便在未来更高效地管理时间。

通过以上步骤，可以帮助孩子有效地利用便笺来制订"今日必做清单"，从而提高孩子的时间管理能力，确保每天的重要任务都能妥善完成。

3

利用零碎的时间做有意义的事

洋洋正在房间里整理他的学习资料。

客厅里传来了妈妈的声音:"洋洋,快准备一下,20分钟后我们就要出门去上兴趣班了。"洋洋听到后,心里开始盘算:还有20分钟,这段时间我能做些什么呢?

洋洋坐在凳子上,心里有些迷茫。他不时地起身检查书包,确认是否带齐了所有需要的东西,然后又坐回凳子上,任由时间一分一秒地流逝。

这时,他好奇地问妈妈:"妈妈,您在忙些什么呢?"妈妈回答说:"我在下载一些音乐,准备在路上听。"

洋洋有些不解:"路上听音乐?"

妈妈微笑着解释:"是的,洋洋。这就是利用零碎时间的艺术。你可能觉得这些时间不长,但如果我们能够充分利用一天中的这些零碎时间,你会发现自己能完成很多意想不到的事情。"

10分钟之后,洋洋和妈妈一起走到了公交车站,看起来他们还需要等待一段时间。

洋洋趁机问道:"妈妈,那零碎时间到底是什么呢?"

妈妈耐心地解释:"零碎时间是指那些较短的、不连续的时间片段,比如等公交车、排队等待、上下学的路上,或者是任何两个预定活动之间的短暂空闲时间。"

洋洋好奇地追问："那我们应该怎么做才能有效利用这些零碎时间呢？"妈妈赞许地看着他："这是个好问题。其实，我们可以提前规划好这些可预测的零碎时间。比如现在，我们去兴趣班的路上大约需要半小时车程。在这段时间里，我们可以听听音乐、思考一些问题，这样等车和乘车的时间就都得到了有效利用。"

洋洋恍然大悟："哇，原来如此！我明白了，以后我也要学会利用这些零碎时间，做一些有意义的事情。"

做好时间管理，其中一个关键的策略就是充分利用零碎时间。零碎时间，指的是那些分散在日常生活中的短小、不连续的时间片段，比如等车、排队、休息间隙等。这些时间虽少，但累积起来却能成为一笔宝贵的资源。以下是一些方法，帮助孩子更好地利用零碎时间进行有效的时间管理。

时间管理训练

1. 识别零碎时间

试着让孩子找出一天当中哪些时间段是零碎时间。这可以是上下学路上、上课前、等公交、坐地铁、排队、吃饭前、入睡前、等待朋友或家人的时间等。把这些零碎的时间段找出来，开始规划如何利用它们。

2. 我们可以用零碎时间做什么

阅读：鼓励孩子阅读适合他们年龄的书籍或文章，可以是纸质书籍，也可以是电子书。阅读能够提高孩子的语言能力和知识水平。

学习新语言：利用手机应用或在线资源，学习新单词或练习基本的语法。即使是短时间的学习，也能在长期积累中取得显著进步。

思考和反思：鼓励孩子在零碎时间里进行思考，比如回顾一天中学到的知识，或者思考解决某个问题的方法。

身体活动：进行简单的身体锻炼，如拉伸、做几个俯卧撑或跳绳，这有助于保持孩子的身体健康和活力。

艺术创作：绘画、手工制作或其他艺术活动可以激发孩子的创造力和想象力。

听音乐或播客：选择一些有教育意义的音乐或播客，让孩子在放松的同时也能学到新知识。

家务劳动：让孩子参与一些简单的家务活动，如整理玩具、折叠衣物，这不仅能培养孩子的责任感，还能培养他们的自理能力。

学习乐器：如果孩子正在学习乐器，可以利用零碎时间进行简短的练习。

户外活动：鼓励孩子进行户外活动，如散步、观察自然，这对孩子的身心健康都有好处。

通过这些活动，孩子可以在零碎时间里获得知识、技能和乐趣，同时也能更好地管理自己的时间。家长可以根据孩子的兴趣和需求，灵活安排这些活动，使零碎时间变得更加有意义。

4

要做守时的好孩子

宁宁和好朋友鹏鹏计划一起去参观新开的美术展览。宁宁对这次展览充满期待,他知道这是一次难得的艺术盛宴,所以他决定准时到达。

宁宁提前规划好了行程,考虑到从家到展览馆需要半小时车程,他决定9点出发,这样可以确保在约定的9点50分准时与鹏鹏在展览馆门口见面。宁宁还特意打电话提醒鹏鹏,确保他们都能按时到达。

然而,当宁宁提前到达展览馆时,鹏鹏却迟迟未出现。时间一分一秒地过去,展览已经开始20分钟了,鹏鹏才气喘吁吁地赶到。他满脸歉

意地向宁宁解释，因为在家多玩了会儿游戏，没有控制好时间，导致出门晚了。

宁宁虽然心里有些失望，但他知道这个时候责备鹏鹏并不能解决问题。他认真地对鹏鹏说："鹏鹏，时间是宝贵的，我们都应该学会尊重别人的时间。守时不仅是对自己的要求，也是对他人的尊重。希望你能从这次经历中学到教训。"

鹏鹏听了宁宁的话，深感愧疚，他诚恳地向宁宁道歉，并承诺以后一定会改掉迟到的坏习惯。宁宁看到鹏鹏真诚的态度，决定原谅他，并鼓励他以后要更加注意时间管理。

守时不仅是时间管理的一部分，也是责任感和自律的体现。孩子由于年龄小，可能会表现出懒散和不自觉的行为，自我管理和自我约束的能力较弱，最常见的表现包括迟到、拖延、不按时起床或完成作业等。这些不守时的行为会影响孩子的学习和生活，降低他们在他人心中的信誉，并可能对将来的社交和就业产生不良影响。

以下是一些建议，帮助孩子们成为守时的好孩子。

时间管理训练

1. 设置提醒

在显眼的地方放置备忘录，如将即将进行的活动写在便笺纸上，贴在容易看到的地方，或者设置闹钟提醒孩子即将到来的活动或任务，确保他们有足够的时间准备。

2. 详细规划

鼓励孩子在进行任何活动之前都做好充分的准备,包括预估到达目的地所需的时间、提前准备所需物品、考虑可能遇到的交通状况、选择合适的交通方式等,确保自己能够准时或提前到达。

3. 提前到达

在约定时间前 5 ~ 10 分钟到达见面地点,比如如果约定在 9 点会面,就计划在 8 点 55 分之前抵达。这样可以留出缓冲时间,应对不可预见的情况,避免迟到。

4. 保持沟通

让朋友在出发时通知你,这样你可以根据他们的出发时间来调整自己的计划,同时也能增强自己守时的意识。

5. 理解并接受后果

如果孩子迟到了,让他们理解迟到的后果,并鼓励他们从中学习下次如何避免。

通过这些方法,孩子们可以逐渐克服不守时的问题,减少迟到的可能性,同时养成守时的好习惯,展现出对他人时间的尊重和负责任的态度,这对他们未来的学习和工作都将产生积极的影响。

5

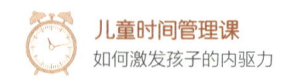

为重要的事做准备

洋洋得知了一个令人兴奋的消息：学校计划在下周组织一次郊外春游。他立刻开始思考需要准备的事项，并急切地向妈妈求助。

"妈妈，下周六我们要去春游，您能帮我找一套适合户外活动的衣服吗？还有，那天我得早点起床，别忘了提醒我哟！"洋洋满怀期待地请求道。

"当然可以，"妈妈笑着回答，"不过，你得先查查学校安排的大巴车路线，这样你就不会迷路了。"

洋洋点头表示理解，并迅速在便笺本上记录下来。

接着，他好奇地问："妈妈，我需要为春游准备一个表演节目吗？"

妈妈鼓励地说："如果你有时间，准备一个节目是个不错的主意，可以让大家更开心。但记得，一定要听从老师的安排。"

"我知道了，"洋洋回答着，心中已经有了主意，"我打算唱一首歌，这周我会好好练习的。"

妈妈提议："那我们周五放学后一起去超市，为你的春游准备些零食、水果和水吧。"

洋洋兴奋极了："太好了！我还想带上一些小蛋糕，装在便当盒里，春游时可以和同学们分享。"

"这是个好主意，"妈妈赞同地说，"不过，还有一件事很重要……"

洋洋好奇地看着妈妈，等待她的下文。

妈妈认真地说："记得带上医药包和手电筒，以防不测。安全总是第一位的。"

洋洋被妈妈的细心和周到感动了，他紧紧地抱住妈妈，感激地说："妈妈，您真是太周到了，谢谢您！"

提前为重要的事情做准备是时间管理的关键，因为它有助于减少压力，避免最后时刻的匆忙和错误，确保任务的质量和效率。这样做可以为意外情况留出缓冲时间，提高灵活性和适应性，同时增强个人的自信心和树立良好的形象。此外，它还能提高决策质量，优化资源分配，并有助于实现长期目标和规划。

以下是一些提前为重要事情做准备的时间管理方法：

时间管理训练

1. 目标设定

明确的目标是时间管理的起点。引导孩子设定具体、可衡量、可实现、相关性强和具有时限性的目标，可以帮助孩子集中精力，避免在不重要的事情上浪费时间。明确想要达成的具体结果，孩子就可以在执行任务时保持清晰的方向感和动力。

2. 计划制订

一个详细的计划是达成目标的蓝图。计划的制订包括确定任务的优先级，区分哪些任务是关键的，哪些可以稍后处理，并为每个任务设定一个合理的时间框架，确保有足够的时间来完成。

3. 时间分配

有效的时间分配是高效工作的关键。为每个任务分配合适的时间，确保孩子有足够的时间来完成工作，同时也要预留休息时间，避免疲劳和效率下降。此外，预留一些缓冲时间来应对不可预见的延误或额外的任务，这样可以减少压力并提高孩子的适应能力。

4. 练习预测

提前预测可能遇到的障碍，并为这些障碍制订应对策略，可以减少它们对计划的影响。这需要思考可能的问题，并为每个问题准备一个或多个解决方案。这种前瞻性思维可以帮助孩子在问题出现时迅速做出反应，而不是在危机中浪费时间寻找解决方案。

5. 资源准备

确保有必要的资源和工具来完成任务是成功的关键。这包括物质资源，如设备和材料，以及人力资源。提前准备这些资源可以避免在执行任务时因缺少工具或信息而导致延误。

通过这些方法，家长可以引导孩子更好地管理时间，确保为重要的事情提前做好准备，从而提高效率和成功率。

6

为每项任务设定合理的完成时间

放学的铃声敲响,赵鹏兴奋地邀请晓阳和其他几位同学晚上去他家拼乐高。晓阳考虑到今天的作业量不多,便愉快地接受了邀请。

回到家,晓阳迫不及待地对妈妈说:"妈妈,我今晚要早点吃饭,然后去赵鹏家玩。"妈妈关心地问:"你打算几点出门?几点回来?"晓阳支支吾吾,没有给出明确的回答:"我们还没确定,吃过晚饭再决定吧。"他心里只有对乐高的期待,却忽视了时间的安排。

开始写作业时,晓阳心不在焉,一边盼着晚餐,一边等待赵鹏的电话,导致本应半小时完成的作业,耗费了1小时。晚饭前,赵鹏的电话终于来了,约定半小时后集合。晓阳匆忙吃完晚饭,立刻奔向赵鹏家。

在赵鹏家，新买的乐高模型吸引了所有小伙伴的注意，大家沉浸在拼装的乐趣中。时间飞逝，直到晚上 10 点，大家才意识到已经很晚了。晓阳回到家，发现爸爸妈妈已经准备休息，他赶紧洗漱。

躺在床上，晓阳反思了今晚的经历。他意识到，如果能提前规划好时间，比如设定写作业、吃晚饭和玩耍的具体时间，就不会如此慌张，也不会影响睡眠。晓阳决定，以后要为每项活动设定合理的时间，并严格遵守，以保持生活和学习的秩序。

为每项任务设定合理的完成时间，有助于培养孩子的时间管理能力和责任感。这种做法能够教会孩子如何规划和组织自己的时间，从而提高效率，减少无谓的拖延。通过设定时间目标，孩子们可以学习如何评估任务的难度和所需时间，逐渐增强对时间的感知和控制。此外，这还能帮助他们在完成任务后获得成就感，增强自信心，为未来的学习和工作打下良好的基础。

时间管理训练

1. 示范和讨论

家长应通过自己的行为示范如何为任务设定时间，与孩子讨论为何某些任务需要更多时间，而其他任务则较少，帮助孩子理解不同任务的时间需求。

2. 任务分解

教导孩子将复杂的任务分解为更小、更易管理的部分。为每个小任务设定时间，这样可以使整个项目看起来不那么艰巨，并且更容易估计和分配时间。

3. 时间估计练习

通过一些练习活动，如计时完成拼图或阅读特定页数的书，帮助孩子学习如何估计完成任务所需的时间。这种练习可以增强他们对时间流逝的感知。

4. 鼓励自我评估

在孩子为任务设定时间后，鼓励他们自我评估并反思。询问他们是否满意自己的时间安排，哪些地方做得好，哪些地方可以改进，从而培养他们的自我调整能力。

5. 提供正面反馈

当孩子成功地为任务设定了合理的时间并按时完成时，给予他们正面的反馈和奖励。这可以增强他们的自信心，并激励他们继续改进时间管理策略。同时，如果他们未能按时完成，一起探讨原因，并帮助他们学习如何在未来避免类似的问题。

7
鼓励孩子养成做备忘录的习惯

豆豆总是忘事，不是把玩具丢在角落，就是忘记做作业。每当妈妈提醒他，他总是说："等会儿，妈妈，我一会儿就做。"

一天，妈妈决定帮助豆豆学会时间管理。她送给豆豆一本彩色的备忘录，并告诉他："豆豆，我们可以用这个本子记下每天要做的事情，这样你就不会忘记了。"

豆豆半信半疑，但还是开始尝试。他把作业、足球训练和朋友的生日派对都记在了备忘录上。慢慢地，他发现每当他完成一项任务，在上面打个钩，心里就特别满足。

随着时间的推移，豆豆不仅不再丢三落四，还学会了如何规划自己的一天。他开始意识到，通过小小的备忘录，他可以更好地管理时间，享受更多的自由时间去做自己喜欢的事情。

豆豆的改变让妈妈感到非常骄傲。他不再是那个总是忘记事情的孩子，而是一个有计划、有条理的小小时间管理者。豆豆的备忘录成了他成长路上的好伙伴，帮助他学会了宝贵的时间管理技能。

许多父母可能都面临这样的挑战：孩子似乎总是记不住事情。比如，出门前交代的事情孩子转眼就忘；第二天要旅行，尽管计划已周详，孩子却丢三落四；老师在课上讲解的内容，孩子虽然认真听了，但晚上回顾时却没记住多少。因此，老师经常强调课堂笔记的重要性。同样，在生活和学习中，由于需要记忆的信息量很大，父母应鼓励孩子养成做备忘录的习惯，以降低遗忘重要事项的风险。对于忙碌于学习和日常生活的孩子来说，如果他们总是担心忘记了什么，这无疑会影响他们的效率。

实际上，那些学习效率高、时间管理出色的孩子，往往都有制作"每日备忘录"的习惯。我们可以引导孩子将他们能想到的、现在想做的、计划立即执行的，以及未来需要考虑的事情，都记录在备忘录上。每日备忘录是一种辅助记忆的工具，几乎每个人都可以通过这种方式来提醒自己需要完成的众多事务。

时间管理训练

家长可以通过以下方法鼓励孩子养成做备忘录的习惯：

1. 以身作则

家长是孩子的第一任老师。通过自己有效使用备忘录来安排工作、购物清单或家庭活动，家长可以向孩子展示时间管理的实际应用。孩子天生善于模仿，他们会学习并采纳家长的行为模式，从而自然而然地养成做备忘录的习惯。

2. 介绍备忘录的好处

家长应该向孩子清晰地阐述备忘录的实际益处，比如减少大脑记忆负担、避免遗漏重要活动和约会、提高效率等。通过具体例子，比如"如果你记下了明天要带的书本，就不用担心忘记它们了"，可以帮助孩子理解备忘录的实用性。

3. 提供有趣的工具

选择孩子喜欢的备忘录样式可以大大提高他们使用它的兴趣。丰富多彩的笔记本和有趣的文具可以吸引孩子的注意力，让他们更愿意主动记录。家长可以引导孩子自主设计他们的备忘录，比如用不同颜色的笔来标记不同种类的任务。

4. 定期检查

家长应与孩子一起定期回顾备忘录的使用情况，这不仅能帮助孩子养成回顾和反思的习惯，还能及时发现问题并提供指导。这种互动还能加强家长与孩子之间的沟通，让家长更好地了解孩子的需求和面临的挑战。

5. 庆祝进步

每当孩子成功地使用备忘录来管理自己的任务和时间时，家长应该给予认可和奖励。这种正向强化可以增强孩子的成就感，激励他们继续保持良好的习惯。庆祝的方式可以很简单，比如一句赞美的话、一个拥抱，或者小奖励，如额外的阅读时间或他们喜欢的零食。

通过持续实践上述方法和引导，孩子不仅能够体会到备忘录在帮助记忆和组织任务中的作用，还能逐渐感受到它带来的积极变化。慢慢地，这种习惯将内化为孩子的一种生活方式，使他们在未来的学习和工作中更加高效和有条理。

8

引导孩子运用四个步骤来分清做事顺序

周末又到了,洋洋计划着先完成作业,之后就能尽情地享受休闲时光。他立刻行动起来,打开作业本,开始认真地写汉字。然而,洋洋突然想起妈妈出门前交代的喂狗任务,他立刻放下笔,去橱柜取狗粮。喂完狗后,洋洋重新坐回书桌前,继续写汉字。他发现今天的汉字练习量比预期的要多。

"已经写了这么多,不如先去背英语单词吧。"洋洋心里这样想着,开始在书包里翻找英语课本。找到课本后,他正准备复习刚学的课程,却又觉得该去上个厕所。一来二去,一上午的时间就这样飞快地流逝了,洋洋惊讶地发现,平时这个时候他应该已经完成了所有周末作业,但现在，许多功课只做了一半。

"我的时间都去哪儿了呢？"洋洋仔细回顾了整个上午的活动，发现自己在许多小事上浪费了太多时间，比如喝水、削铅笔，学习时间也是断断续续，一会儿写汉字，一会儿背英语，一会儿又做数学题，效率极低。

正当洋洋感到沮丧时，妈妈指出了他的问题所在："这是因为你上午的无效时间太多了，你需要学会合理分类和安排任务。""无效时间？"洋洋有些困惑。妈妈耐心地解释："书写练习要集中时间完成；背诵或朗读的任务也要安排在一起；需要思考的作业，就要集中精力去做；休息时间可以用来处理喝水、上厕所、准备文具等琐事。"

孩子们的日常生活中充斥着各种任务，有的重要，有的不那么重要，有的紧急，有的则不那么紧迫。面对这些繁杂的事务，家长和老师的任务是引导孩子学会时间管理。通过合理分配每天的24小时，并根据任务的紧急性和重要性进行优先级排序，孩子们可以提高学习效率，使时间发挥更大的价值。这样的时间管理不仅能帮助他们更好地应对学业和生活，还能培养他们成长为高效、有条理的成年人。

为了更精细地管理时间，我们可以遵循以下四个步骤来区分任务的优先级。

⚙ 时间管理训练

1. 重要且紧急

首先处理那些既紧急又重要的任务，例如孩子受伤需要立即就医，遇到危险情况，或是上学即将迟到。这类事件通常难以处理，考验孩子的判断力和应对能力，若不及时处理，可能会导致更严重的后果。

2. 重要但不紧急

接下来是那些重要但不紧急的事项，如学习和生活规划，预防问题的发生。忽视这些任务可能会使它们逐渐变成紧急事件，增加学习压力，甚至造成不可逆的影响。通过提前规划和准备，可以避免许多紧急情况的发生。

3. 紧急但不重要

然后是那些紧急但不重要的任务。家长需要帮助孩子理解，这些任务虽然看起来迫切，但并不与个人的重要目标直接相关。例如，电话铃声、不速之客或某些会议可能属于这一类。

4. 不紧急也不重要

最后是那些既不紧急也不重要的活动，如无节制地上网、闲谈或游戏。长期投入这些活动可能会让孩子感到空虚，而不是真正的放松。

在帮助孩子理解这一时间管理方法后，家长可以引导孩子反思自己的日常生活和学习习惯，识别自己在哪个优先级上花费了过多时间。特别要注意区分第一优先级和第三优先级的任务，避免将急迫性误认为重要性。同时，要提醒孩子注意第二类和第三类的顺序问题，避免混淆。此外，家长应教育孩子识别哪些任务真正有助于实现重要目标，从而有效地划分和处理任务，使学习更加高效，生活更加有序。

9

番茄工作法，专注于每一个25分钟

明明是一名五年级的小学生，他总是觉得时间不够用，作业、阅读、练琴，还有和朋友们玩耍，每件事他都想做好，却总是手忙脚乱。

一天，明明的妈妈教给他一个管理时间的小技巧——番茄工作法。

妈妈给明明准备了一个可爱的番茄形状的计时器，并告诉他："从现在开始，我们用番茄时钟来安排你的学习时间。每学习25分钟，就休息5分钟，怎么样？"

明明觉得这个方法很有趣，便决定试试看。

首先，明明在"今日待办"纸上列出了所有要做的作业。然后，他选择了数学作业作为第一个任务，开启了番茄时钟。当计时器滴答作响时，明明全神贯注地投入到数学题中。25分钟很快过去了，番茄时钟发出了轻快的铃声，明明停下手中的笔，休息了5分钟。

休息时间里，明明做了几个伸展运动，又喝了点水。之后，他又开始了下一个番茄时间，这次是英语作业。

通过这种方法，明明发现自己可以更专心地学习，而且休息时间也让他感到放松和愉悦。一天结束时，明明惊讶地发现自己不仅完成了所有作业，还有时间读了他最喜欢的故事书。他兴奋地告诉妈妈："番茄工作法太神奇了，我觉得自己变成了时间的魔术师！"

在儿童时间管理的世界里，有一个有趣又实用的方法叫作"番茄工作法"。这个方法帮助孩子们像小厨师一样，把时间切成一段段的"番茄时间"，每段包含25分钟的专注时间和5分钟的休息时间。孩子们在这25分钟内只专心做一件事情，比如写作业或者读书，然后当小小的番茄时钟响起，他们就可以休息一下，去喝喝水或者做个小游戏。家长们可以引导孩子运用番茄工作法来提高时间管理能力。这个方法简单有趣，非常适合儿童使用。

以下是家长引导孩子使用番茄工作法的五个步骤：

时间管理训练

需要准备的工具
三张纸、一支笔、一个计时器

1. 计划

在纸上分别写上"活动清单""今日待办"和"记录"。鼓励孩子将一天中想要完成的所有事情都列在"活动清单"上，不需要排序。然后，家长可以帮助孩子根据任务的重要性和紧急性，选择一些任务列入"今日待办"，并预估每个任务需要多少个"番茄时间"（即25分钟的工作单元）。

2. 执行

接下来家长引导孩子选择一个任务，并开始一个"番茄时间"。对于年幼的孩子，家长可以陪伴他们完成，帮助他们保持专注。初期，每个"番茄时间"可以设置为 25 分钟专注、5 分钟休息，让孩子逐渐适应这种模式。

3. 应对中断

家长需要教导孩子如何减少中断。如果孩子在工作时被打扰，家长可以教他们礼貌地告诉对方，他们现在很忙，待会儿再回应。同时，家长也应该尽量避免在孩子专注完成任务时打扰他们。

4. 休息

每个"番茄时间"结束后，家长应鼓励孩子进行短暂休息，比如喝水、活动身体或远眺窗外。完成四个"番茄时间"后，可以让孩子享受一个更长的休息时间，比如 15～30 分钟。

5. 记录和评估

家长可以教孩子记录每个"番茄时间"的完成情况，包括是否有中断，以及中断的原因。一天结束时，家长可以和孩子一起回顾任务的完成情况，讨论哪些做得好，哪些可以改进。

通过这样的引导，孩子们不仅能够学会如何有效地管理时间，还能在完成任务后获得成就感。家长的陪伴和鼓励对于孩子掌握番茄工作法至关重要。

第四章

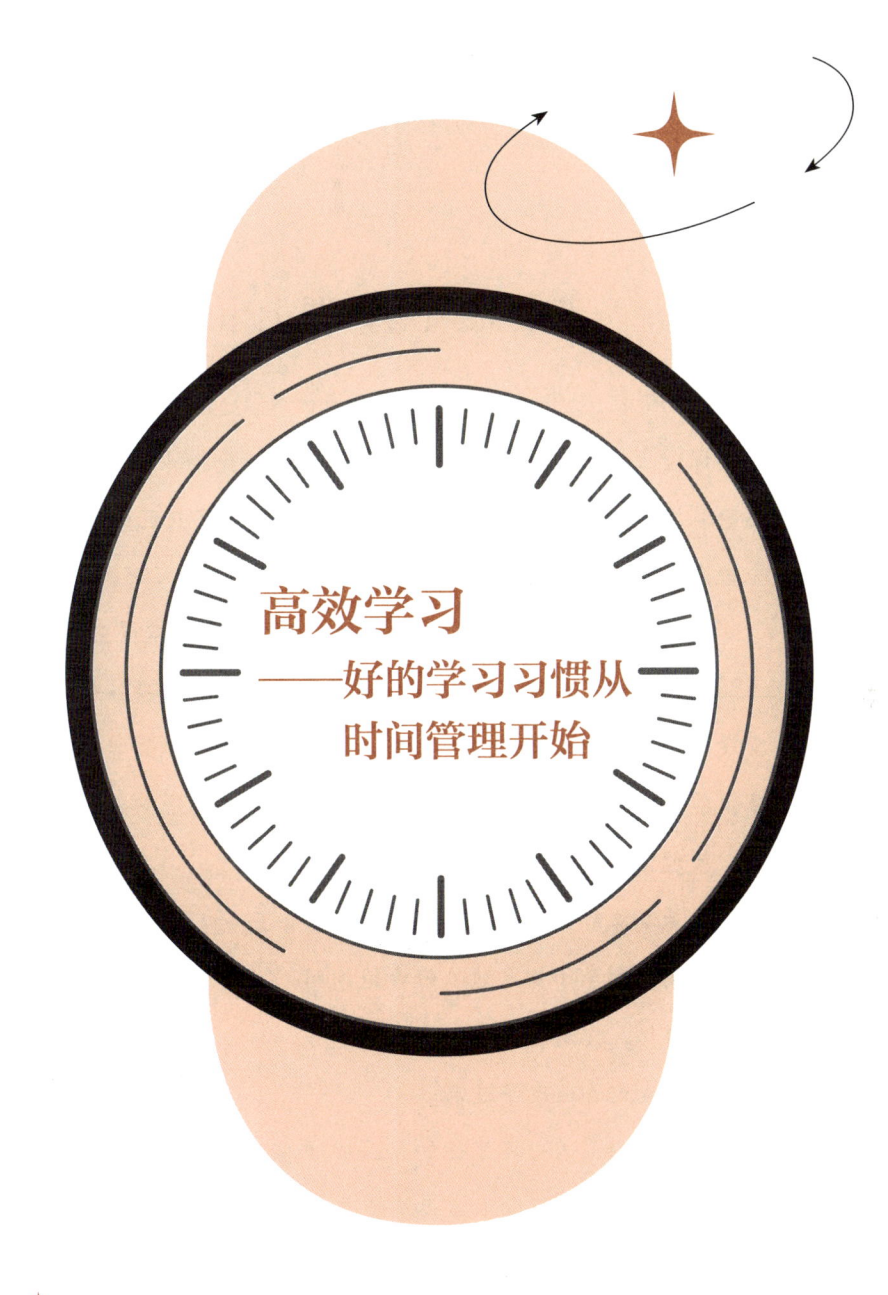

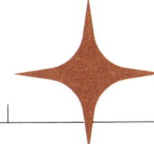

高效学习
——好的学习习惯从时间管理开始

1

课前做预习，课上事半功倍

课堂上，王老师正在讲课，同学们聚精会神地听着，这时，王玥突然感到困惑，他勇敢地举起手来，向老师提出了自己的疑惑："老师，这个概念我还是不太明白。"

王老师微笑着，耐心地再次解释了这个概念，确保王玥能够理解。

与此同时，李林正全神贯注地跟随着课程的进度，他的笔在笔记本上飞快地舞动，记录下每一个重要的点。而李小娜则显得更为从容，她不仅能够紧跟老师的讲解，还能在适当的时候提出问题或发表自己的见解，展现出她的学习深度和自信。

随着下课铃声的响起，同学们纷纷松了一口气。

王玥走到李小娜身边，好奇地询问："李小娜，你在课堂上总是那么活跃和自信，你是怎么做到的呢？"

李林也好奇地凑了过来。

李小娜微笑着分享了她的秘诀："其实很简单，我每天都会预习第二天的课程。这样在课堂上，我就能更专注于那些我不太理解的部分。"

李林和王玥听后都感到非常惊讶："预习真的那么有效吗？"

李小娜点头肯定："当然，我会在每天完成作业后，用 10～15 分钟的时间预习新课，这样能帮助我提前了解课程大纲，标记出难点，上课时就能更有针对性地学习。"

李林有些担心:"但是,这样做会不会占用我们做作业的时间呢?"

李小娜解释道:"不会的,合理安排时间,预习并不会耽误做作业,反而能帮助我们更高效地完成学习任务。"

受到李小娜的启发,李林和王玥决定尝试这种方法。那天晚上,李林在完成作业后,开始了他的预习之旅。他专注地阅读着第二天的课程内容,对不理解的部分进行了标记。当他完成预习,合上书本的那一刻,他的心中充满了成就感和对新知识的渴望。

通过这个故事,我们可以看到,预习是提高学习效率和质量的关键。它不仅能够帮助学生在课堂上更好地理解和吸收知识,还能够激发他们的学习兴趣和积极性。合理的时间安排和有效的预习策略,对于每个学生的学习都是至关重要的。要想让预习变得高效而轻松,关键在于采取正确的策略和态度。

以下是一些建议,帮助你以更加积极和高效的方式进行预习:

时间管理训练

需要准备的工具

2~3种颜色的笔、预习笔记本

1. 保持好奇心,发现问题

预习的目标不是全面掌握新知识,而是激发孩子的好奇心,让孩子对即将学习的内容有基本的了解。通过预习，孩子可以发现并标记出自己不理解的地方，这样第二天上课时，就可以带着这些问题去寻求答案，使学习过程更加具有针对性和有趣。

2. 合理控制预习的时间

预习不应该占用孩子大量的时间。理想的情况是，在完成日常作业后，抽出一小段时间来进行预习。例如，可以每天安排 10～15 分钟来快速浏览第二天的课程内容。这样可以确保孩子有足够的精力专注于预习，同时也不会感到有压力或疲惫。

3. 有选择性地预习

并不是所有的科目都需要预习。应该根据自己的学习情况，将时间投入到那些自己觉得较为困难或者需要加强的科目上。这样，预习就能发挥出最大的效益，帮助你在需要的地方取得进步。

4. 有效的预习方法

（1）浏览新内容。快速地浏览即将学习的内容，了解大致的篇幅和结构，这有助于对整个课程有宏观的把握。

（2）通读内容。将新内容完整地阅读一遍，可以是大声朗读也可以是在心里默读。在阅读过程中，如果遇到不认识的字词，应立即查阅字典，确保理解无障碍。

（3）做标记和记录问题。在阅读时，如果遇到难以理解的部分，可以用不同符号（如点、线、圈）或不同颜色的笔进行标记，也可以将疑问写在书页边缘或者专门的笔记本上，以便第二天课堂上寻求解答。

预习的最终目的是让孩子在正式学习时能够更加专注和高效，所以不要让预习过程变得过于烦琐或耗时而成为一项负担。上述方法可以让预习变得更加轻松愉快，进而帮助孩子高效学习。

2 提升课堂效率

琳琳手捧着数学练习册，走到正在阅读的爸爸身边，轻声问道："爸爸，有个数学问题我不太明白，可以请您帮我看看吗？"

爸爸审视了一下题目，随后快速翻阅了一下数学教材，随即指出："这个问题只要应用正确的公式就能解决，看来你在课堂上可能并没有专心听讲。"

琳琳有些羞愧地承认："我得承认我在课堂上并没有完全集中注意力。"爸爸的表情变得严肃："这怎么行！如果你在上课时不专心，课后就会感到困惑，成绩自然会受到影响。"

爸爸以平和的语气继续教导琳琳："记住，上课的时间是非常宝贵的，你必须充分利用这45分钟。在课前，确保你的书本、笔记本和所有学习工具都已准备就绪；在课堂上，要全神贯注地听老师讲解，紧紧跟随老师的思路，一旦有不明白的地方，就要毫不犹豫地提问。清楚了吗？"琳琳点头表示明白了，并承诺以后会避免再犯同样的错误。

第二天在课堂上，琳琳不时地发现自己的注意力开始游离，这时她会在心里默默提醒自己："专注，保持专注！"当老师讲解一个复杂的概念时，琳琳发现自己有几个点不太理解，于是她毫不犹豫地举手请求："老师，能否再详细解释一下这个部分？我还有点不清楚。"

老师耐心地重新讲解了那一部分内容，直到琳琳完全理解了这个概念。老师对她的积极态度也表示了赞许。

课后，琳琳下定决心，以后要一直保持这样的学习效率。

很多父母知道，孩子的注意力集中时间有限，且年纪越小越是如此。不同孩子保持注意力的能力也有差异，这直接影响了他们在课堂上的学习效果。由于老师需按照班级整体进度教学，无法针对个别学生调整，因此孩子可能会错过关键讲解导致学习效果大打折扣。相对地，能专注听讲的孩子能更好地掌握知识，取得显著进步。课堂学习是孩子日常学习的核心，因此父母应注重培养孩子的专注力，以提高他们在课堂上的学习效率。

时间管理训练

1. 预习准备

引导孩子在上课的前一天，投入时间进行充分的预习，对即将学习的内容有一个大致的了解。在课程开始前，再次整理和检查所需的书本和笔记本，将它们整齐地放置在桌面上，以便在课堂上快速找到所需信息。

2. 专注听讲

要求孩子在课堂上保持目光跟随老师的动作和表情，努力与老师的思路保持同步。全神贯注地聆听讲解，同时进行思考和记录，确保在吸收知识的同时，也能够对所学内容进行深入的理解。

3. 重点理解

当老师讲解课程的关键点和难点时，暂时放下手中的笔，集中注意力聆听老师的分析和推理。这是学习解决问题方法和技巧的重要时刻，要确保能够充分理解和掌握。

4. 问题处理

如果在学习过程中遇到难以理解的问题，而其他同学似乎已经掌握，避免在课堂上提问,以免打断教学进度。可以将问题记录下来,在课后找合适的时机向老师请教,以获得更深入的解答。

5. 积极参与

当老师提出问题,鼓励学生回答时,要抓住机会积极发言。这不仅是锻炼思维、提高口头表达能力和自信心的好时机,也能帮助老师了解孩子对知识点的掌握程度,从而更好地调整后续的教学内容。

上述方法不仅可以帮助孩子在课堂上实现高效的学习,提升学习成效,还有助于为课堂营造更加积极的氛围。

3

课后复习巩固,学得更扎实

今天,琳琳提前完成了老师布置的作业,发现自己意外地多出了半小时的空闲时间。她没有选择去玩耍,而是决定利用这段时间进行复习,巩固所学知识。

琳琳首先回顾了今天数学课上学到的内容——速度、时间和路程之间的关系。她回忆起自己如何利用这个公式计算出从家到学校的距离。琳琳想:"原来数学这么有用,我可以用它来解决现实生活中的问题,真是太棒了!"

接着,琳琳挑战了一道新题目:"假设从 A 市到 B 市的距离是 160 千米,一辆汽车以每小时 80 千米的速度行驶,那么乘坐这辆汽车从 A 市到 B 市需要多少时间呢?"琳琳认真思考,她将所学的知识灵活运用,很快得出了答案:"路程除以速度,就是需要的时间,所以答案是 2 小时。"琳琳对自己的解题能力感到非常满意。

随后,琳琳转向语文复习。她朗诵了宋代诗人翁卷的《乡村四月》,诗中的自然景色和乡村生活描写让她感到心旷神怡。琳琳通过查阅资料,了解到翁卷对乡村生活的热爱,以及他为了诗歌和生活四处游历的故事。这让琳琳对翁卷产生了深深的敬意,她感叹道:"翁卷的生活态度真是令人钦佩,他是一个追求自由和诗意生活的诗人。"

琳琳的父母看到她在房间里如此专注地复习,感到非常骄傲和欣慰。他们相信,琳琳这样主动学习的态度,一定能够帮助她在学业上取得更好的成绩。

课后有效复习对于学习至关重要,它能够帮助孩子更好地吸收、理解和记忆知识。具体来说,有效复习包括以下几个方面:

(1)及时和频繁的复习。在课程结束后,迅速地在脑中回顾老师讲授的知识点;在每天晚上睡觉前,复习当天学习的全部内容和关键点;在第二天早晨,再次进行复习以加深印象。通过这样的循环复习,坚持一周、一个月甚至一个学期,不仅能够牢固记忆所学,还能提升我们的记忆力。

(2)重点和难点的深入复习。对于那些难以掌握或者特别重要的知识点,我们需要集中注意力,通过增加练习的频率和深度,来加强对这些内容的理解和感知。通过这样的反复和层次化的学习,可以有效地提升我们的学习效率。

（3）易混淆知识点的对比复习。对于那些在表述、内容或结构上与其他知识点相似，容易引起混淆的内容，我们需要通过反复观察和比较，来避免记忆上的误区。这种方法可以帮助我们从根本上消除因混淆而产生的错误。

下面分享一些有效复习的方法和步骤：

时间管理训练

1. 朗读与默读

通过大声朗读或者在心里默读知识点，可以帮助你全面地回顾和梳理学习材料。这种方法不仅能够加深你对内容的记忆，还能够提高你的专注力。

2. 深入理解与思考

在阅读的过程中，重要的是要理解知识点背后的原理和逻辑。例如，在复习数学公式或物理定律时，尝试回顾它们的推导过程，这样可以帮助你更深刻地理解这些知识点，而不仅是死记硬背。

3. 查找补充资料

在复习过程中，如果发现有遗漏或不清晰的地方，及时查找相关资料进行补充学习是非常有益的。例如，在复习古文时，了解其背后的历史故事和作者的写作背景，可以使你对文本有更深入的理解，从而更容易记住和掌握。

4. 实践练习

通过做相关的习题和练习，可以检验你对知识的掌握程度，并及时调整学习方法。这种方法可以帮助你发现自己的不足之处，同时通过实际操作来加深理解和记忆。

总的来说，有效的复习不仅是重复阅读，更重要的是理解和思考，查找补充资料，以及通过实践来巩固所学。这些方法结合起来，可以更高效地复习，提高学习成效。

4

像玩游戏一样设定学习时间

一个周末的早晨，李李醒来后，决定给自己的一天设定一个全新的挑战——像玩游戏一样管理自己的时间。他知道，通过合理规划和分配时间，可以提高学习效率，同时也能享受到完成任务的成就感。

李李首先为自己设定了一个"游戏任务"——完成数学和英语两门课程的复习。他决定将一天的时间分成几个"关卡"，每个关卡代表一个学习任务或活动。

第一关是"数学迷宫"，李李给自己分配了1小时的时间来解决复杂的数学问题。他专注地投入到数学题海中，每解决一个难题，就像在游戏中通过了一个小关卡，让他感到无比的兴奋和满足。

第二关是"英语单词森林",在这个关卡中,李李计划用 30 分钟时间记忆新单词。他使用闪卡和联想记忆法,像探险者一样在单词的森林中穿梭,每记住一个单词,就像是在森林中找到了一片新的领地。

在完成了两个主要的学习关卡后,李李给自己设定了一个短暂的休息时间——"能量恢复时间"。在这个 10 分钟的休息时间内,他远离书桌,做一些轻松的活动,比如散步或做一些简单的伸展运动,让自己的大脑和身体得到恢复。

接下来,李李设定了"终极挑战"——完成一篇英语作文。他给自己设定了 45 分钟的时间限制,并在这段时间内集中精力,发挥自己的创造力,写出了一篇精彩的文章。

在一天结束时,李李回顾了自己的"游戏成绩"。他不仅完成了所有的学习任务,还在游戏中获得了巨大的成就感。通过将学习时间像玩游戏一样设定,李李发现时间管理变得有趣而有效,他也更加期待明天

的新"游戏挑战"。这种方法不仅提高了他的学习效率，也让他在享受过程中不断提升自己。

在学习中融入游戏化的思维，能够将枯燥的知识点转化为生动有趣的挑战，极大地提升学习体验。这种方法通过设定目标、规则和反馈，将学习内容包装成游戏任务，让孩子们在参与的过程中既感到乐趣又充满动力。例如，利用教育软件中的积分系统、排行榜和奖励机制，孩子们在完成学习任务后可以获得积分，解锁新的学习关卡，或是获得虚拟奖励，这些都能有效激发他们的学习热情。游戏中的即时反馈机制能够让孩子立即了解自己的学习成果，这种快速的正向反馈能够增强他们的自信心和继续学习的动力。同时，游戏中的时间限制和关卡设计也促使孩子们学会规划自己的学习时间和节奏，从而在不知不觉中培养良好的时间管理习惯。

时间管理训练

需要准备的工具

计时器、奖励（与孩子商量决定）

1. 设定学习任务（游戏关卡）

将学习内容分解成多个小任务，每个任务代表一个游戏关卡。例如，数学练习题、英语阅读理解、历史知识点复习等。

2. 分配时间（设定游戏时间）

根据任务的难度和重要性，给每个关卡分配一定的时间。确保时间的分配既有挑战性，又能实际完成。

3. 设定奖励（游戏奖励）

为自己在规定时间内完成任务设定奖励。比如，每完成一个关卡，可以休息 5 分钟，或者享用一杯喜欢的饮料和零食。

4. 使用计时器（游戏倒计时）

使用手机或计时器来监控每个关卡的时间。当计时器开始倒计时，就像游戏开始一样，全身心投入。

5. 休息和恢复（游戏缓冲时间）

在连续完成几个关卡后，给自己设定一段休息时间。这段时间可以用来伸展、走动或进行其他放松活动，就像游戏中的缓冲时间。

6. 记录进度（游戏成就系统）

记录自己完成每个关卡的情况，包括所用时间和完成质量。这不仅可以帮助你了解自己的学习效率，还能带来成就感。

7. 调整策略（游戏升级）

根据关卡的完成情况，适时调整学习策略和时间分配。如果某个关卡总是超时，可能需要更多的练习或者寻找更有效的学习方法。

上述方法可以将学习变成游戏，每个任务都是一个有趣的挑战，每完成一个任务都会带来满足感和成就感。这样的时间管理方式，不仅能够提高学习效率，还能让学习过程变得更加有趣和有吸引力。

5

用三种颜色让孩子轻松做作业

熙熙是一个充满好奇心和创造力的孩子，但她在学习时总是感到有些困难。每当她坐下来做作业时，她的注意力就像蝴蝶一样飞来飞去，很难集中在一件事情上。

熙熙的妈妈是一位聪明的教育者，她注意到了熙熙在学习时面临的挑战。于是，她想出了一个有趣的方法，用三种颜色来帮助熙熙更好地管理她的作业时间。妈妈给了熙熙三块彩色的纸板：蓝色、黄色和绿色。

蓝色的纸板代表"专注时间"。每当熙熙拿起蓝色纸板放在桌上时，她就知道自己需要集中精力开始学习了。在这段时间里，熙熙会关闭所有干扰，比如电视和手机，全神贯注地完成作业。

黄色的纸板代表"休息时间"。当熙熙感到疲倦或者需要短暂休息时，她就会拿起黄色纸板。在这段时间里，熙熙可以做一些轻松的活动，比如画画、跳舞或者做一些伸展运动，以此来放松自己的身心。

绿色的纸板代表"复习时间"。完成作业后，熙熙会拿起绿色纸板，用来回顾她所学的内容。这段时间是用来巩固知识点和准备考试的，熙熙会复习她的笔记，做一些练习题，确保自己真正理解了所学的内容。

按照妈妈教的方法，熙熙发现自己能够更轻松地完成作业了。她学会了如何在专注时间里高效学习，在休息时间里充分放松，在复习时间里巩固知识。三种颜色的纸板成了她的学习小伙伴，帮助她建立起了良好的学习习惯。

学习阶段是孩子成长过程中的一个关键环节，而在家庭环境中的学习活动通常以完成作业为中心。那么，孩子们在完成作业时会展现出什么样的学习状态呢？他们可能无法集中注意力，频繁地分心和张望；在解题和书写过程中动作迟缓，面对困难题目时缺乏应变能力；在写作业时不断分心寻找其他物品，导致本应半小时完成的作业拖延到1小时还未完成；或是对写作业抱有抵触情绪，只有在逼迫下才会不情愿地开始，且故意拖延时间。很多家长在面对这些情况时，会思考如何帮助孩子更愉快、更轻松地接受并完成作业。

故事中熙熙妈妈的方法，可以帮助一部分孩子解决写作业拖拉、不专心的坏习惯。还有一部分孩子，写作业速度慢的原因是作业太多、太乱，无章可循，不知道从哪里开始，更不知道做完上一项作业，下一项做哪个。颜色分类法可以帮助他们找出作业之间的关系，进行分类，把所有的作业都变得"简单化"。

时间管理训练

需要准备的工具

红、黄、绿三种颜色的便笺纸，纸板，水彩笔

1. 对作业进行分类

在对作业进行分类时，我们主要依据作业本身的特点和性质，同时

考虑到孩子在面对作业时的心理体验，将孩子的作业分为三类：重要且难度高的作业、重要但难度低的作业、不重要且难度低的作业。

2. 对作业进行颜色编码

我们可以帮助孩子通过颜色辨别作业的优先级。红色代表重要且具挑战性的任务，如孩子觉得数学难且不喜欢，就将其标记为红色。黄色则指重要但相对简单的任务，如孩子擅长且乐于做的语文作业。绿色用于日常且简单的作业，以及其他无须特别关注的事项。

3. 对作业进行优先级排序

在完成颜色分类之后，我们根据"先难后易，重要性优先"的标准对作业进行排序。首先完成重要且难度高的红色任务，即数学应用题。随后，按照既定的顺序，依次完成剩余的黄色和绿色作业。如果相同优先级的作业不止一项，则根据先难后易的顺序完成。例如，尽管英语单词和语文练习册都属于黄色任务，都很重要，但考虑到英语对孩子来说更具挑战性，因此我们应将英语单词的完成放在语文练习册之前。通过这样的步骤，孩子可以更有效地管理自己的学习任务，确保按时完成所有作业。

6

书桌杂乱效率低,让孩子学会整理书桌

豆豆的书桌是她的小天地,但最近它变得杂乱无章。书本和草稿纸堆得到处都是,课外书和报纸随意摊开,零食包装袋也随处可见。每当豆豆需要找东西,她都得在这片混乱中翻找,这浪费了不少宝贵的时间。

一天,豆豆的妈妈看到了这个情况,决定帮助她。她们一起动手,开始了整理书桌的行动。妈妈教豆豆如何将书本按照科目分类,然后整齐地摆放在书桌的一角。草稿纸被收集起来,装进了一个文件夹里。课外书和报纸也被整理好,放在了书架上。至于零食,妈妈建议豆豆使用一个专门的储物箱来存放它们。

整理完毕后，豆豆的书桌焕然一新，每样东西都有了自己的位置。豆豆惊讶地发现，整理书桌不仅让环境变得整洁，还大大提高了她的学习效率。她不再为找东西而分心，也有更多的时间去做作业和阅读。而且一个干净、有序的书桌，不仅能提高学习效率，还能带来愉快的心情。豆豆开始享受在书桌前的每一分钟，无论是学习还是阅读，都变得更加专注和高效。

一个有条理的孩子绝不会让自己的书桌处于混乱状态。正如美国知名管理专家蓝斯登所言："我倾向于那种彻底而有序的工作方法。成功的人有一种能力，当你询问他们某个事项时，他们能够迅速地从文件箱里找到相关资料。无论是接到一份备忘录还是一份计划书，他们都知道如何妥善地将其归档，或存放在恰当的档案柜里。"这种方法不仅展现了他们对工作的严谨态度，也极大地提升了工作效率。

"一屋不扫，何以扫天下"这句话强调了从小事做起的重要性。家长在孩子成长的过程中扮演着至关重要的角色，需要从小教导孩子如何整理自己的书桌，以下是家长可以采用的一些方法和技巧。

时间管理训练

需要准备的工具

笔、便笺纸

1. 尊重孩子的意见

理解孩子整理能力的局限性，避免因为孩子做得不完美而责备他们。

通过提问和引导，让孩子参与决策，比如玩具的存放位置、书籍的分类等。在整理过程中，家长应与孩子沟通，听取他们的意见，让孩子感到自己被尊重，这有助于提高他们整理物品的积极性。

2. 建立规则

与孩子一起制订明确的整理规则，比如每天学习前后或睡前整理书桌，确保规则可执行，并且适用于全家。

3. 使用收纳工具

家长可以引导孩子选择适合他们年龄和书桌空间的书架和储物柜。例如，带有清晰分隔的书架可以帮助孩子将不同科目的书本和参考资料分类放置，便于查找和取用。储物柜则可以用来存放文具、绘画用品或其他杂物，保持桌面的整洁。

4. 物归原位

引导孩子使用物品后将其放回固定的存放位置。家长可以利用便笺纸设置标签或使用颜色编码的方式帮助孩子记忆每件物品的固定位置，使孩子更容易遵循这一规则。

5. 定期整理

可以设立家庭劳动日，家长与孩子一起参与打扫和整理，不仅能培养孩子的整理习惯，还能增进亲子关系。

通过这些方法，家长可以有效地引导孩子学会整理书桌，培养良好的时间管理习惯，从而提高学习效率和生活质量。

7 用思维导图规划孩子的作业清单

小宇热爱学习,但他的时间总是被各种活动和作业填得满满的,有时候他会感到有些手忙脚乱。

一天,小宇的老师在课堂上介绍了一种叫作"思维导图"的神奇工具,可以帮助人们组织思维和规划任务。小宇被这个概念深深吸引,他决定尝试一下。

回到家后,小宇拿出一张白纸,开始绘制他的思维导图。他在纸的中心画了一个大圆圈,写上"今日任务"。然后,他用不同颜色的笔从中心向外画出几个分支,每个分支代表一个学科或者一个任务。小宇在每个分支上写下了具体的任务,比如"数学作业""英语阅读""科学实验报告"等。他还用小图标表示每个任务的紧急程度,比如用一个小钟表示需要在特定时间内完成的任务。

接下来,小宇开始为每个任务分配时间,他使用了"番茄工作法",即全神贯注地学习 25 分钟,然后休息 5 分钟。他在每个任务旁边画上了几个小番茄,表示预计需要的"番茄时间"。

小宇还特别注意作业的顺序。在思维导图上,他按照先难后易的原则对任务进行了排序。这样,即使遇到难题,他也能在精力最集中的时候解决它们。

通过使用思维导图,小宇不仅清晰地看到了自己一天的任务,还学会了如何合理分配时间。他发现，这种方法让他的学习变得更有条理，也更高效。

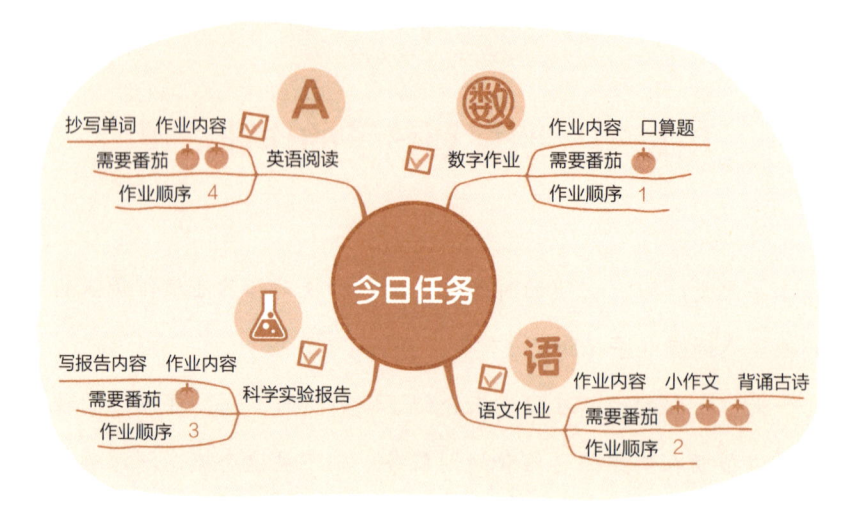

```
                    [A]                    [数]
  抄写单词  作业内容 ☑          ☑ 数字作业  作业内容  口算题
  需要番茄 🍅🍅                           需要番茄 🍅
  作业顺序  4      英语阅读    数字作业    作业顺序  1

                    今日任务

  写报告内容 作业内容 ☑          ☑ 语文作业  作业内容  小作文  背诵古诗
  需要番茄 🍅                             需要番茄 🍅🍅🍅
  作业顺序  3      科学实验报告  语文作业    作业顺序  2
```

思维导图是一种高效的学习工具，它通过将复杂的任务分解成简单、直观的图形和色彩编码，帮助孩子们以一种有趣和互动的方式理解和记忆信息。这种视觉呈现方式使孩子们能够一眼看出任务之间的关系和层次结构，从而更有效地规划和管理自己的时间。孩子们在绘制思维导图的过程中，可以练习如何区分任务的优先级，识别哪些是最重要的任务，哪些可以稍后完成。这种练习有助于他们学会设置目标，制订计划，并按部就班地执行。同时，思维导图的色彩和图形不仅能够吸引孩子的注意力，还能激发他们的创造力和想象力，让他们在学习如何管理时间的同时，也能够享受创造和思考的乐趣。

思维导图特别适合小学高年级和初中学生使用。在制订作业计划时，可以按照以下三个主要分支来组织思维导图：

时间管理训练

需要准备的工具

闹钟/番茄计时器、水彩笔、白纸

1. 作业内容分支

在这一部分，孩子需要详细列出每一科目老师布置的具体作业任务，明确每项作业的要求。

2. 番茄时间分支

孩子需要预估完成每项作业所需的时间，并将其换算成"番茄单位"。每个"番茄"包含 25 分钟的专注学习和 5 分钟的休息时间，总计 30 分钟。预估的"番茄数"可以帮助孩子量化每项作业所需的时间。

3. 作业顺序分支

孩子可以根据自己的学习习惯和作业的难易程度，自主决定完成作业的顺序。为了有效追踪进度，孩子在每完成一个科目的作业后，应在该科目前的导图分支上做标记（如打钩），这表示该科目的作业已在预定的"番茄时间"内完成。

在使用思维导图时，可以将其打印出来并放置于透明文件袋中，利用白板笔在文件袋上进行书写和标记。这样一来，第二天孩子可以轻松擦除前一天的标记，重复使用同一导图，既方便又经济。通过这种方法，孩子不仅能够更好地管理自己的学习时间，还能培养良好的组织和规划能力。

8

为孩子的考试周期做计划

"同学们,这个学期期末考试安排在月末,大家都提前准备一下!"王老师宣布。

"老师,还剩不到一个月的时间,怎么准备呢?"鹏鹏忍不住举手发问。

"大家可以做个考试周期计划,然后严格按照计划执行,肯定没问题。"同学们都竖起耳朵仔细听王老师说的每一句话。

"上次月考考得不好,这次期末考试我一定要考出好成绩。可是,该怎么制订计划,管理好考试前的时间呢?"鹏鹏暗自思忖。

忽然,鹏鹏想到上次爸爸教给他的制订月计划的方法,顿时觉得有了希望。制订好考试周期计划后,鹏鹏不由自主地握紧双拳,暗下决心:"这次争取考第一名!"

考试的日子一天比一天近了,鹏鹏每天都认真地完成学习计划。妈妈送牛奶的时候也为他加油鼓劲儿:"儿子,加油!"

期末考试的日子到了。临考前一天晚上,鹏鹏仔细准备好考试要用的物品,调整好心态:"别紧张,我能行!"

考试很顺利,试卷上的题目他都能轻松解答。

一周后,成绩出来了,老师给大家发试卷的时候,鹏鹏还忍不住心跳加速。但是在看到试卷的一刹那,他觉得所有的努力都没白费——语文 95 分，数学 98 分，英语 97 分……果然，功夫不负有心人！鹏鹏决定以后还按照这样的方法备考。

为孩子的考试周期做计划至关重要，合理的计划可以帮助孩子合理分配时间，确保每个科目都得到适当的复习。通过提前准备，孩子可以减少考前紧张和焦虑，因为他们知道自己已经做了充分的准备。孩子通过遵循计划，可以逐步建立起自信，知道自己有能力掌控学习进度，这种自信将在他们的学术生涯和未来的生活中发挥重要作用。

为孩子的考试周期做计划是一个系统的过程，可以帮助他们更有效地学习和准备考试。以下是一些具体的步骤：

时间管理训练

需要准备的工具

纸质日历、考试计划表、笔记本、笔

1. 了解考试要求

家长需要与教师沟通，了解各科目的考试范围、题型、分值分布以及考试的具体日期。这有助于家长和孩子对考试有一个整体的认识，知道哪些是重点和难点。

2. 评估孩子的需求

家长应该与孩子一起坐下来，讨论他们在学习上的强项和弱项。询

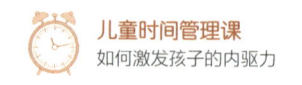

问孩子在哪些科目或哪些具体内容上感到不自信，需要更多地复习和练习。

3. 制订复习计划

基于考试要求和孩子的需求，家长可以帮助孩子制订一个全面的复习计划。这个计划应该明确每天的学习时间，每周要达成的小目标，以及每个科目的复习重点。

4. 分配时间

在复习计划中，为每个科目分配合适的学习时间，尤其是孩子觉得有挑战性的那些科目。确保时间分配既公平又能反映出不同科目的难度和重要性。

5. 使用时间管理工具

为了更好地跟踪复习进度，可以使用各种时间管理工具，如纸质日历、计划表或各种时间管理应用程序。这些工具可以帮助孩子保持组织性，并确保他们不会忘记任何重要的学习任务。

6. 模拟考试

在复习计划中安排一些模拟考试的时间。这不仅能帮助孩子熟悉考试的流程，还能提高他们的时间管理技能，确保他们能在实际考试中合理分配时间。

7. 复习笔记

鼓励孩子在学习过程中做笔记和总结。这不仅能帮助他们巩固记忆，还能让他们在复习时有一个清晰的参考，从而提高学习效率。

8. 考前准备

在考试前一周，家长应帮助孩子开始放松，确保他们有充足的睡眠，保持良好的饮食习惯。这有助于孩子在考试当天保持最佳的身体和精神状态。

第五章

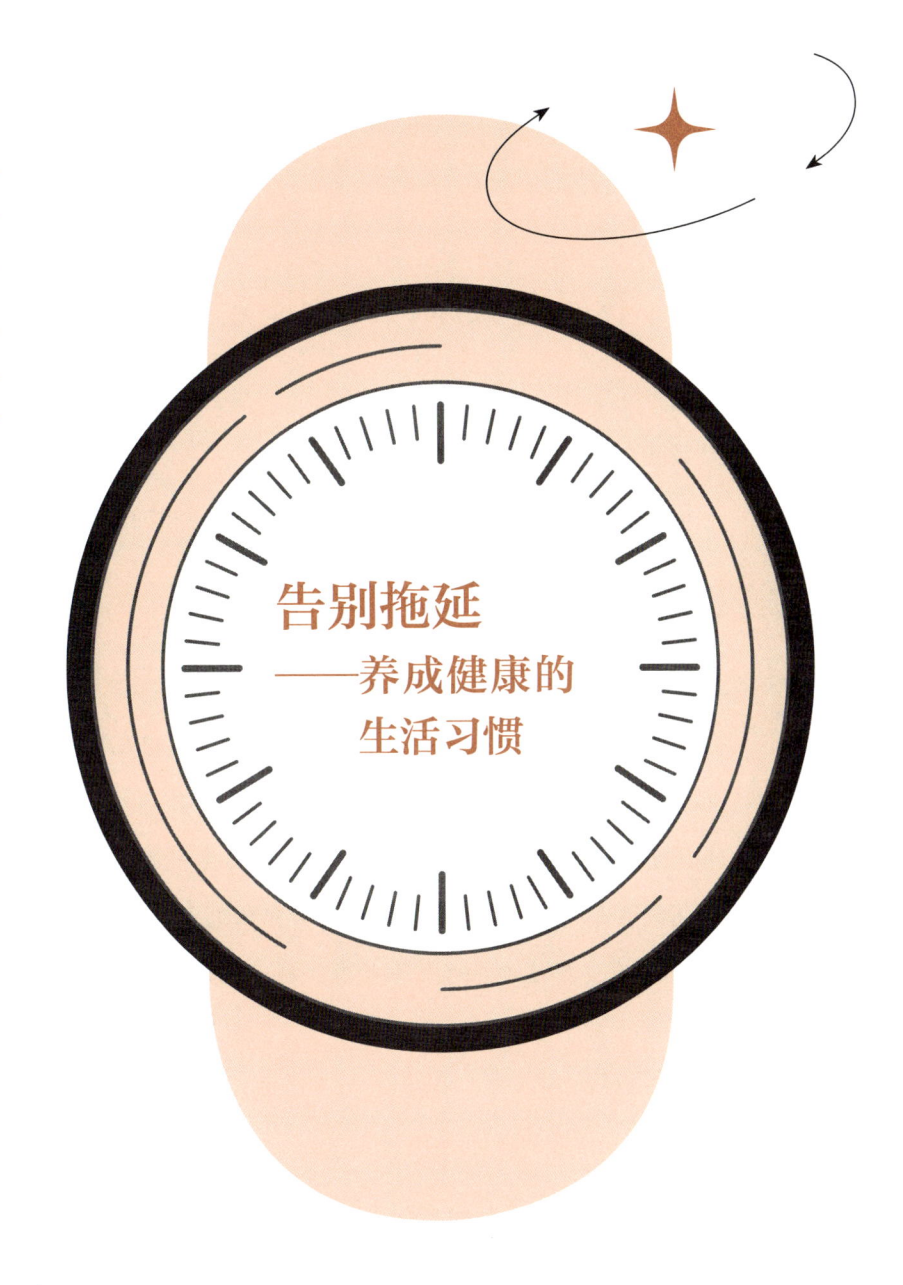

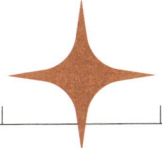

告别拖延
——养成健康的生活习惯

1

孩子爱赖床，四招搞定起床难题

"筱筱，起床了！"门外传来妈妈的声音。

"再5分钟就好。"筱筱在床上翻了个身，继续她的美梦。

"筱筱，快醒醒，上学要迟到了！"

"几点了，妈妈？"

"已经7点20分了。"

"就再睡一小会儿……"筱筱蜷缩着身体，意识已经开始模糊。突然，被子被妈妈一把掀开，扔到了床的另一边。

"哎呀，7点25分了！再不起床，妈妈要生气了，公交车也要错过了！"筱筱迅速跳下床，迅速穿好衣服，匆忙跑出家门。

整整一天，筱筱都在哈欠中度过，她心里默默计划：晚上要早点休息，这样早上就不会这么困了。然而，到了晚上，情况却并非如此。

"筱筱，9点40分了，该睡觉了。"妈妈提醒她。

"我还不困呢，电视剧马上结束，看完就睡。"筱筱向妈妈保证。

回到房间，筱筱躺在床上，辗转反侧，难以入眠。

"真糟糕，失眠了。看会儿漫画书，说不定能睡着。"她自言自语。

不知不觉中，漫画书翻到了最后一页，一看时间，已是深夜11点。筱筱感到非常内疚。虽然第二天是周末，但这种晚睡晚起的习惯确实不好。她下决心要改变，不再做那个"拖延狂"。

晚上不想睡　早上起不来

　　孩子的起床问题常常成为家长面临的重大挑战之一。家长们都希望孩子能够早睡早起，精神饱满地迎接新的一天，并迅速完成上学前的准备工作。然而，现实往往与期望相去甚远。首先，孩子贪睡，即使闹钟多次响起，父母反复催促，孩子仍旧不愿起床，这无疑增加了家长的焦虑感。其次，孩子起床后可能会表现出哭泣、吵闹或发脾气等不合作行为，这不仅给父母带来了额外的困扰，也影响了家庭的和谐氛围。再次，在准备上学的过程中，孩子可能需要父母不断地提醒和催促，这导致时间紧迫，匆忙中可能遗漏重要物品。最后，早晨的时间本就宝贵，父母还需花费大量时间来唤醒孩子，即便是耐心的家长也可能感到焦虑，甚至在情绪失控时爆发。

　　那么，父母应该怎么纠正孩子赖床的坏习惯呢？

时间管理训练

1. 尊重睡眠周期

在帮助孩子起床的过程中,父母应避免在孩子深睡眠阶段强行叫醒他们,因为这会导致孩子身体不适和情绪波动。人的睡眠分为入睡、轻度睡眠、深度睡眠和快速眼动睡眠(做梦)四个阶段。深度睡眠是身体和大脑休息的关键时刻,不宜被打扰。父母应理解孩子在深睡眠中被叫醒的不适感,并尽量让孩子自然醒来。

2. 温和唤醒方法

推荐使用光线和声音两种方法来帮助孩子苏醒。光线可以刺激大脑,帮助人从睡眠中醒来,因此可以逐渐拉开窗帘让阳光进入房间。声音,尤其是孩子喜欢的音乐或故事,可以作为唤醒信号。家长可以提前播放这些内容以帮助孩子从深度睡眠过渡到轻度睡眠,直至完全醒来。

3. 预留足够的时间

叫醒孩子时需预留足够的时间,通常为 5~10 分钟,严重赖床的孩子可能需要半小时。选择孩子喜欢的音频作为唤醒信号,并确保自然光能够进入房间,以促进孩子愉快地醒来并开始新的一天。

4. 减少晚间兴奋活动

避免在睡前让孩子参与过于刺激的活动,如剧烈运动的游戏或观看兴奋的电视节目。可以选择一些温和的活动,如阅读绘本或听轻音乐,帮助孩子放松。

2

晚上不肯睡,"成长树"来帮忙

晚上吃过饭,轩轩在妈妈的催促下不情不愿地写完了作业,之后便拿着自己的汽车模型去一边玩了。

不知不觉快到睡觉的时间了,妈妈说:"轩轩,我们先不玩玩具了,该洗漱、洗澡、睡觉了。"

轩轩像没听见似的,无动于衷。妈妈摇摇头,心想真拿这孩子没办法,只好走近又重复了一遍,轩轩才算是听见,不情愿地回应了一声"好吧",但还是一动不动。

等了好一会儿,妈妈实在是忍不了了,苦口婆心地告诉轩轩"明天

还要上学,睡得晚了身体不好",而轩轩压根没听进去。终于,妈妈生气了,气急败坏地训斥了轩轩。轩轩哭了起来,一直闹腾到很晚。

第二天早上,眼看起床的时间到了,轩轩还没起床,说自己没睡够。这一说妈妈的火气瞬间上来了:"昨天晚上要不是你闹,能睡那么晚吗?"

下午的时候,轩轩的妈妈又接到了老师的"投诉电话",说轩轩上课昏昏欲睡,没精打采的,问是怎么回事。

轩轩放学回来后,妈妈本来想跟他好好说说老师反映的问题,打算让他早点睡觉,可是轩轩玩得兴致勃勃的,没有一点儿上床休息的意思。妈妈长叹了一口气,这可怎么办?

随着生活节奏的加快,家长们晚睡的习惯影响了孩子的作息,导致孩子们也睡得越来越晚。一些父母意识到早睡的重要性,尝试规定孩子在晚上9点前睡觉,但实际操作中会遇到诸多挑战。孩子们即使躺在床上,也会想要阅读、听故事、玩耍,直到精疲力竭才入睡。要改变孩子的晚睡习惯,培养良好的作息,家长除了需要保持耐心和长期坚持,还需要掌握一些时间管理技巧。

接下来介绍一种非常有效的方法——"成长树打卡"法。父母只需要引导孩子进行日常打卡,就能有效地扭转孩子晚睡的习惯。"成长树打卡"是一种充满趣味的互动游戏。孩子们通过每日的坚持和记录,能够逐渐将一棵初始不起眼的小树苗,养育为一棵装饰着美丽指印的繁茂树木。这个游戏不仅带来了视觉上的转变,还蕴含着深刻的教育意义:坚持不懈的努力将使孩子的成长之树枝繁叶茂、硕果累累。通过"成长树打卡",孩子在每次付出努力后都能立刻获得正面的反馈,这不仅鼓励他们继续保持和发扬良好的行为习惯,还能促进习惯的持续改善。长期坚持参与"成长树打卡",不仅能够促进孩子的成长,还能让成长树成为家庭中一道独特的风景线,为家庭增添乐趣和温馨。

时间管理训练

需要准备的工具

手指画印泥、水彩笔、白纸

"成长树打卡"是一种简单而有效的培养孩子早睡习惯的方法,它分为三个步骤:

1. 初步协商

父母首先与孩子进行沟通,共同商定将上床睡觉的时间提前3～5分钟。这种渐进式的调整可以避免孩子因生活习惯突然改变而产生抵触情绪,帮助他们逐步适应新的作息时间。

2. 记录进步

每当孩子按照约定提前上床睡觉后，父母可以引导孩子在一张特制的"成长树"图上按下手指印，作为对其行为的肯定和奖励。这个手指印不仅记录了孩子每天的进步，也增加了孩子参与活动的兴趣。

3. 习惯养成

通过持续的坚持和正面的激励，孩子将在大约 20 天内逐渐适应早睡的习惯。"成长树"上的每一个手指印都是孩子进步的见证，也是他们良好作息习惯形成的标志。

这种方法的优势在于，它巧妙地避免了家长与孩子因作息时间调整而产生冲突。通过游戏化的方式，孩子更愿意参与并乐于接受改变。随着时间的推移，孩子不仅能够养成早睡的习惯，还能学会自我管理和自我激励，这对他们的成长和发展具有长远的积极影响。

3

吃饭魔法，小磨蹭不见了

到了晚餐时间，妈妈从厨房端出了香气四溢的菜肴，准备叫壮壮过来吃饭。

"壮壮，吃饭了！"妈妈温柔地呼唤着，但壮壮正沉浸在他的玩具世界里，对妈妈的呼唤充耳不闻。

"快点来吃饭，妈妈做了你最喜欢吃的红烧肉哟！"

妈妈再次耐心地提醒，但壮壮依然专注地玩着，没有起身的意思。妈妈开始有些烦躁，一天的工作已经让她筋疲力尽，回家还要忙着家务和照顾孩子。

"你怎么还在玩，妈妈叫你多少次了！"妈妈的声音提高了几分，带着一丝怒气。

壮壮被妈妈的语气吓到了，手中的飞机模型掉落在地，他感到既惊讶又委屈。

妈妈看到壮壮的反应，心中的火气也上来了，她上前一把夺走了壮壮的玩具。壮壮的眼眶瞬间红了，他试图从妈妈手中抢回玩具，但妈妈坚决不给。

"你怎么这么不听话！"妈妈生气地责备着，壮壮终于忍不住哭了出来，泪水顺着脸颊滑落。他蜷缩在墙角，小肩膀一抽一抽，显得十分无助。

妈妈的怒气渐渐消退，看着壮壮哭泣的样子，她的心也跟着痛了起来。她开始反思，自己这样激烈的反应，会不会伤害到儿子幼小的心灵？妈妈意识到，教育孩子需要更多的耐心和理解，她拉着壮壮的手，一起走向餐桌，决定用一顿温馨的晚餐来弥补刚才的不愉快。

家长们经常为孩子的用餐习惯感到烦恼。无论是学龄前还是学龄初期的孩子，都可能出现吃饭慢、注意力分散等问题。网上经常可以看到类似的求助："我5岁的女儿吃饭特别慢，饭量不错，但习惯不好，吃几口就去玩，再回来吃，真让人头疼。"还有家长反映孩子边看电视边吃饭，导致饭菜从热变冷。尽管家长多次劝说，孩子依旧我行我素，让家长们感到无计可施。

孩子吃饭磨蹭，除了身体原因，还可能受到饭菜口味、家庭规矩、环境等外界因素的影响。这些问题一旦被发现，通常比较容易解决。让家长头疼的是，即使排除了这些因素，孩子在吃饭时仍然容易分心，或者不好好吃饭，造成粮食浪费。面对孩子用餐时的拖沓和磨蹭，家长们可以试试以下这几种方法。

时间管理训练

需要准备的工具

卡通贴纸、儿童专属餐具

1. 让孩子参与做饭计划

让孩子参与做饭计划，不仅能释放他们过剩的精力，还能让他们体验劳动的乐趣，从而更加珍惜劳动成果。对于 5～7 岁的孩子，父母可以带他们一起买菜，让他们参与挑选和计算价格的过程，锻炼思维和记忆力。8～10 岁的孩子则可以帮忙洗菜、择菜，甚至摆放餐具。家长应避免因自己的成见而拒绝孩子的帮助，这会打击孩子的积极性。孩子参与做饭能增强他们的成就感，减少他们对吃饭的抵触情绪，并因为体力消耗而增进食欲。

2. 制订规则并坚定地实施

父母在餐桌上应保持坚定，不要过度逼迫或规劝孩子吃饭，而是通过设定规则和保持一致的行为来引导孩子。例如，规定吃饭时间和零食时间，饭点一到，家长应带头坐下并通知孩子。对于不好好吃饭的孩子，家长不应追喂，而要适当提醒。饭点过后，立即收拾餐具，并坚持原则，不因孩子的哭闹而妥协。

3. 辅助工具激发兴趣

为了激发孩子对吃饭的兴趣，家长可以使用孩子喜欢的餐具，或在桌椅上贴上卡通贴纸。设定"边界线"可以防止孩子吃饭时乱跑。

总之，家长应重视孩子习惯的养成，通过适当的引导而非过度干预，让孩子自主形成良好的饮食习惯。这需要家长的耐心和坚持，以及对孩子喜好的深入了解和尊重。

4

再见！电子游戏

"妈妈，今天我的作业都做完了，可以玩一会儿电子游戏吗？"

"可以，但是只能玩半小时哟。"妈妈提醒道，"还有，别忘了1小时后你要去上兴趣班。"

"没问题！"岚岚兴奋地回答。

时间在游戏的欢乐中飞逝，岚岚完全沉浸在虚拟世界里，几乎忘记了时间的流逝。

突然，妈妈的声音在他耳边响起："岚岚，你怎么还在这里？"

> 岚岚，你怎么还在这里？

岚岚抬头一看时钟，惊讶地发现时间已经过去了，现在不是他该去兴趣班的时间，而是兴趣班已经结束的时间。

岚岚心中一沉，意识到自己犯了一个错误："这下完了，肯定要被妈妈批评了。"

"你这孩子，怎么可以只顾着玩游戏呢？"妈妈的声音中带着明显的不悦，"如果你继续这样，以后就不准再玩电子游戏了！"

爸爸也加入了谈话："岚岚，电子游戏确实有趣，但我们不能因此忽视时间管理。如果大家都像你这样，那我们的计划和安排就毫无意义了。我们可以尝试在脑海中设定一个'开关'，'开关'打开时，我们可以适度地娱乐和放松；'开关'关闭时，我们就应该全身心投入到学习和生活中。这样我们既能高效学习，又有时间娱乐，不是更好吗？"

岚岚听了爸爸的话，深感自责："爸爸说得对，我不能因为贪玩电子游戏就耽误了其他事情。做事要有时间观念，妈妈批评我也是担心我沉迷游戏。我以后再也不让爸妈为我操心了。"

岚岚决定暂时放弃电子游戏。他意识到游戏中的关卡设计和技能提升虽然能带来快感和成就感，但这些都是虚拟的，而且很容易让人沉迷其中，浪费宝贵的时间。他决心要更好地管理自己的时间，确保娱乐和学习之间的平衡。

电子产品的迅猛发展极大地丰富了我们的生活，提供了前所未有的便利。从通信、购物到娱乐，各种应用程序让人们享受到了前所未有的便捷服务。然而，电子产品的普及也带来了一些挑战，尤其是在青少年群体中。

电子游戏作为电子产品中的一种，以其丰富的内容和互动性深受孩子们的喜爱，但这也引起了家长们的担忧。孩子们作为学生，学习无疑是他们的主要任务；然而，一些孩子因为沉迷电子游戏而忽视了学习，甚至耽误了学业，浪费了宝贵的学习时间。

面对孩子玩电子游戏的问题，家长们不能简单地采取禁止的方式。这种做法可能会引起孩子的逆反心理，反而不利于问题的解决。家长应该采取更加合理、科学的方法来引导孩子。

时间管理训练

需要准备的工具

沙漏 / 计时器

1. 明确规则和后果

家长应该与孩子一起制订明确的规则，比如玩电子游戏的时间限制，并清楚地告知如果超出时间限制会有怎样的后果。这有助于孩子理解时间管理的重要性，并学会承担自己行为的后果。

2. 使用计时器

为了帮助孩子遵守时间限制，可以使用沙漏或计时器来提醒游戏时间即将结束。这种方法可以让孩子在游戏进行中就有所准备，避免因为过于投入而忽略时间的流逝。

3. 培养自我监督能力

鼓励孩子在游戏过程中自我监督,比如教会他们查看时间,或者在脑海中设定一个"开关",用来提醒自己何时应该停止游戏,转而投入到其他活动中。

4. 平衡娱乐与责任

家长应教育孩子理解生活中的责任和娱乐之间的平衡。完成作业、参与兴趣班等活动是孩子的责任,而电子游戏是完成这些责任后的娱乐。通过这种方式,孩子可以学会优先处理重要事务,并在时间允许的情况下享受游戏。

通过这些建议,孩子可以逐渐学会如何管理自己的时间,不仅在玩电子游戏时能够自控,还能将这种管理能力应用到生活的其他方面。

5

拒绝无节制地看电视

晚饭过后,妈妈坐在沙发上看新播出的电视剧,乐乐也被吸引过来,一起观看。随着剧情的推进,时间悄无声息地流逝。

电视剧结束时,妈妈准备出门参加广场舞活动,临走前叮嘱乐乐:"乐乐,看完这集就去学习,注意时间。"

"好的，妈妈。"乐乐答应得很快，心里却打起了小算盘：今天作业不多，看完电视再学习也来得及。于是，乐乐继续坐在电视机前，一个节目接一个节目地看下去，完全忘记了时间。

妈妈跳完广场舞回家，看到他还在看电视，立刻生气了："乐乐，现在都几点了？你怎么还在看电视，一点时间观念都没有！"

乐乐一看表，已经是晚上10点钟了。他匆忙回到房间，坐在书桌前，却发现自己的思绪仍然停留在刚才的电视剧情节上。

"得赶紧写作业……"乐乐一遍又一遍地提醒自己，但眼皮越来越沉，最终忍不住困意，趴在桌上睡着了。

妈妈来催他："乐乐，作业做完了吗？"却发现他已在桌上睡去，便叫醒他："醒醒，做完作业再去洗漱睡觉。"

乐乐醒来，看着自己作业本上潦草的字迹，心中充满了懊悔。他责怪自己没有控制好看电视的时间，导致作业没完成就睡着了。

"下次绝不能这样了，"乐乐暗下决心，"看电视一定要有节制，必须合理安排时间。"他意识到，要想避免类似的情况发生，就必须学会自我管理，平衡娱乐和学习的时间。

看电视作为一种家庭娱乐活动，确实可能对孩子的视力产生不良影响，尤其是长时间盯着屏幕看，容易导致视力下降。此外，如果孩子过度沉迷于电视节目，不仅会占用他们进行户外活动和社交的时间，还可能对他们的整体身心发展带来负面影响。长时间看电视可能导致孩子缺乏运动，影响身体健康；过度依赖电视娱乐也可能导致孩子的创造力和想象力缺乏锻炼。

对于孩子看电视的问题，如何管、管的度如何，都让家长们感到困惑和矛盾。一些家长可能会选择完全禁止孩子看电视，以避免上述问题。然而，这种做法并非唯一的解决方案，也可能过于极端，剥夺了孩子通过电视获取信息和娱乐的权利。

那么，家长应怎么做呢？

时间管理训练

1. 合理安排看电视的时间

对于不同年龄段的孩子，家长应设定合理的电视观看时长。2岁以下儿童应尽量避免看电视，2~3岁儿童每天看电视时间不宜超过半小时，3岁以上儿童每天不超过45分钟，小学生则最多1小时。同时，家长应精心挑选节目，避免让孩子接触含有暴力内容的动画片，而应选择那些能够传递正能量，改编自儿童文学或具有教育意义的节目。

2. 增加亲子互动时间

家长应多花时间陪伴孩子，减少他们对电视的依赖。例如，家长可以在下班后与孩子交流当天的经历，睡前给孩子讲故事，或在周末带孩子进行户外活动。这样的亲子互动不仅能够减少孩子看电视的时间，还能增进家长与孩子之间的感情。

3. 家长要以身作则

家长是孩子学习的榜样。如果家长自己也是"电视迷"或频繁使用电子设备，孩子很容易模仿。因此，家长应该控制自己使用电子产品的时间,并为孩子树立一个良好的榜样。

在当今社会,电子产品已经成为生活的一部分,家长的任务是教会孩子如何合理利用这些工具,而不是被它们控制。通过家长的爱心陪伴和正确引导,孩子可以在健康快乐的环境中成长,而不是沉迷于电子产品。

6

不要让孩子"讨价还价"

明明的房间里充满了电子游戏的紧张气氛,他正带领着他的游戏角色穿越一道道难关。突然,一阵敲门声打破了他的专注,妈妈的声音传来:"明明,你玩游戏已经半小时了,该休息一下了。"

明明的心里涌起了一股不情愿,他的眼睛紧紧地盯着屏幕,手指在游戏手柄上飞快地操作。他知道妈妈定下的规则,但他的游戏角色正面临着一个关键的挑战。明明心想:"就差一点,我就能过关了。"

他转向门口,带着一丝哀求的语气说:"妈妈,我马上就能赢这一局了,能再让我玩5分钟吗?"明明希望能够延长游戏的时间。

"刚刚已经给你延长10分钟了,不能再玩了!"妈妈提醒道。

"妈妈,就5分钟好不好?时间到了,我就关掉游戏。"

妈妈站在门外,耐心地回答:"明明,我们之前已经约定好了时间,

遵守规则对你来说很重要。你是个有自制力的孩子,我相信你能做出正确的选择。"

明明听了妈妈的话,心中挣扎了一会儿。他知道妈妈是对的:"妈妈,您说得对,我应该遵守我们的约定。"

妈妈微笑着走进房间,揉了揉明明的头发,称赞他的决定:"做得很好,孩子。现在,让我们去做一些其他的事情吧。"

孩子天生渴望自由地享受他们喜爱的活动,例如玩耍。当规定的游戏时间结束,他们常常会哀求"再让我玩一会儿,就一会儿"。一些家长可能因孩子的恳求而心软,同意延长时间。孩子得到额外时间后,可能会再次使用同样的策略来争取更多的玩耍时间,形成一种循环。有时孩子不断地恳求可能会触发家长的愤怒,导致家长大声斥责孩子,甚至强行终止游戏,要求孩子转而学习或做其他事情。

在家长看来，平衡孩子的快乐和对他们的期望是一项挑战。为了孩子的满足而不断让步会让家长感到沮丧，而坚决拒绝又可能让孩子感到不快。然而，这并非无解之难。关键在于家长不应总是屈服于孩子的要求。爱孩子不应等同于无条件地顺从他们的每一个愿望。家长应从一开始就明确界限，避免孩子养成讨价还价的习惯。

时间管理训练

1. 保持友好而坚决的态度

友好意味着在孩子提出要求或尝试讨价还价时，家长应保持平和的心态，认识到这是孩子表达需求的一种方式，不应因此而生气或愤怒。家长在与孩子就规则进行沟通时，孩子可能会提出一连串的借口和理由，例如不愿洗澡时可能会说："我昨天已经洗过了，身上不脏，也不难受。"在这种情况下，家长有时可能会不自觉地陷入孩子的话题中，与之辩论，从而偏离了原本要传达的规则。为了避免这种情况，家长需要保持警觉，不被孩子的话题带偏。家长应反复重申既定的规则，如"我们现在要去洗澡了"或"我们约定今天只能看一集动画片"，同时保持态度的友好和坚决。这种一致性有助于孩子理解家长的立场，并逐渐学会遵守规则。家长的语气应和善，让孩子在感受到关爱的同时，也明白规则的重要性。通过这种方式，家长可以有效地避免无休止的讨价还价，确保孩子理解并遵守家庭规则。

2. 适当给予选择权

在说服孩子遵守时间管理规则时，给予孩子一定的选择权可以提高他们的合作意愿。例如，到了关电视休息的时间，家长可以给孩子提供选择的机会，这样询问："亲爱的，现在到了睡觉时间，电视要关掉了。你是希望妈妈帮你关电视，还是你自己去关掉呢？"通过这种方式，孩子会感觉到自己被尊重，有参与决策的权利，这不仅能提升他们的情绪，还能使他们更愿意配合家长的指令。孩子在作出选择的过程中，也在学习责任感和自我管理，这对他们的个性发展和习惯养成都是有益的。家长的这种策略既坚持了规则，又顾及了孩子的感受，有助于建立和谐的亲子关系。

7

孩子洗澡磨蹭爱玩，"五步走"培养麻利宝贝

晚上，姗姗一家刚吃完晚饭，8岁的姗姗就迫不及待地趴在桌上玩起了新买的拼图。

时间悄悄流逝，到了晚上9点，爸爸轻声提醒她："姗姗，该准备洗澡了。"

妈妈也加入了催促："是的，宝贝，洗完澡早点休息，明天还要上学呢。"

姗姗不慌不忙地收拾着拼图，嘴里答应着："好的，我知道了，不用催。"

姗姗走向衣柜，想要挑选一件合适的睡衣。她挑剔地翻找着，直到找到一条她最喜欢的小花裙。

她带着小花裙来到浴室，发现妈妈已经为她准备好了一缸温暖的洗澡水。妈妈嘱咐道："抓紧时间洗澡，水凉了就不舒服了。"

姗姗点点头，让妈妈先出去。妈妈一离开，姗姗就关上了浴室的门，把小黄鸭放入水中，开始玩起了水。过了10分钟，妈妈觉得里面太安静了，便进来查看。只见姗姗正专注地和小黄鸭玩耍，完全没有开始洗澡的意思。

妈妈有些着急，催促道："姗姗，你还没洗澡呢？水快凉了，我们要抓紧时间。"姗姗这才不情愿地结束了游戏，开始洗澡。但当妈妈出去后，她又往水里加入了洗发水，开始搅拌起泡泡来，完全忘记了洗澡的初衷。

又过了10分钟，妈妈再次进来，发现姗姗仍在玩，水已经变凉。妈妈有些生气，但更多的是担心姗姗会感冒。她帮助姗姗换了一缸热水，并迅速帮她洗完了澡。

在故事中，姗姗的父母提醒她去洗澡，但她在浴室里只顾玩水，忘记了洗澡的本意。孩子们往往专注于眼前的快乐，如果某项活动让他们感到愉悦，他们倾向于持续进行。例如，孩子可能因为洗澡时的舒适感而拖延洗澡时间。由于孩子们的自控能力尚未完全发展，他们做事容易拖拉，这就需要家长介入，帮助孩子进行时间规划，并引导他们按照计划行动。通过这种方式，家长不仅能教会孩子如何规划时间，还能帮助他们培养自我管理的技能，这是培养孩子时间观念和责任感的有效途径。

父母可以通过以下方法来提高孩子洗澡的效率。

时间管理训练

> **需要准备的工具**
> 洗澡时间表、小奖品（根据孩子的喜好选择）

1. 承担洗澡拖延的后果

如果孩子洗澡时总是拖拖拉拉，家长可以让孩子自己体验拖延的后果。例如，玩水可能导致洗澡时间延长，从而错过最喜欢的晚间故事时间。家长需要坚持让孩子明白，洗澡是自己的责任，拖延会影响自己的其他活动。

2. 激发孩子改变的愿望

家长可以和孩子一起讨论按时洗澡的好处，如更快地洗完澡可以有更多的时间玩耍或者看书。通过引导孩子想象按时洗澡带来的积极情景，激发他们想要改变的动力。

3. 制订洗澡计划

家长可以与孩子一起制订一个洗澡时间表，明确洗澡的具体时间，并列出洗澡前需要完成的准备工作，如准备换洗衣服、浴巾等。这样可以帮助孩子建立起洗澡的仪式感，逐渐形成习惯。

4. 家长的陪伴与支持

在孩子努力按时洗澡的过程中，家长的陪伴和支持非常重要。幼儿园阶段，家长可以和孩子一起进入浴室，唱歌或讲故事，让洗澡变成一段愉快的亲子时光。

5. 建立奖惩制度

为了鼓励孩子按时洗澡，家长可以设立一套奖惩机制。例如，如果孩子连续一周都能按时洗澡，周末可以额外获得一些小奖励，如额外的游戏时间。反之，如果孩子没有按时洗澡，可以适当减少他们的游戏时间。

通过这些步骤，家长不仅能帮助孩子克服洗澡时的拖延行为，更重要的是能教会他们如何管理自己的时间和行为，培养良好的生活习惯。

8

别插手，让孩子学会自己整理物品

玲玲的房间里总是充满各种玩具和书籍，她喜欢玩耍，却常常忘记将东西放回原位。

"妈妈，我的芭比娃娃放哪儿了？"

过了一会儿，妈妈又听见玲玲在自言自语："我的拼图呢？""我的橡皮泥哪儿去了？"

妈妈听到她的呼唤，想着是时候教她如何管理自己的物品了。

第五章
告别拖延——养成健康的生活习惯

"玲玲,我们来玩一个游戏吧。"妈妈微笑着走进房间,提议道。

玲玲好奇地看着妈妈,不知道她葫芦里卖的是什么药。

"这个游戏叫作'寻宝游戏'。"妈妈解释说,"我在你的房间里藏一些你经常找不到的东西,然后给你一些线索,你要按照线索找到它们。"

玲玲的眼睛亮了起来,她觉得这个游戏听起来很有趣。

于是,妈妈在房间里藏起了芭比娃娃和拼图,同时留下了一些提示卡片。玲玲兴奋地开始了寻宝之旅。她仔细阅读每张卡片上的线索,思考着可能的藏宝之处。经过一番努力,玲玲终于找到了芭比娃娃和拼图,她高兴得跳了起来。

"妈妈,我找到了!"玲玲兴奋地喊道。

妈妈笑着走过来,给了她一个拥抱。

"现在,让我们把这些东西放回它们应该待的地方,好吗?"妈妈提议。

玲玲点点头,开始整理房间。她意识到,如果每次玩完玩具后都能将它们及时归位,就不会再发生找不到东西的情况了。

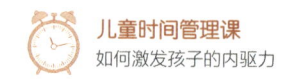

从那天起，玲玲学会了管理自己的物品。她不再乱丢东西，而是养成了整理的好习惯。妈妈看到玲玲的变化，心里感到非常欣慰。她知道，通过这个游戏，玲玲不仅学会了时间管理，还学会了责任感和自我管理，这些都是她成长路上宝贵的财富。

细心观察不难发现，那些经常忘记东西的孩子，他们的房间和书桌往往也是杂乱无章的。这种混乱不仅使物品难以寻找，也让孩子常常忘记自己需要携带的物品。

孩子们所处环境的无序，可能有两方面原因。一方面，可能家庭环境本身就缺乏整洁，孩子在不知不觉中受到了这种影响。另一方面，家庭成员可能没有向孩子强调过整理物品的重要性，或者在要求孩子整理的同时，家长自己代替孩子完成了整理工作，导致孩子未能形成自我整理的习惯。

长期处于杂乱环境中的孩子，不仅容易养成丢三落四的坏习惯，更严重的是，这种混乱可能会导致孩子在学习上也显得无序，比如无法集中注意力或无法抓住学习的重点。

我们经常对孩子说："自己的事情要自己做。"而第一件事就是学会管理自己的物品。那家长该怎样教孩子整理自己的物品呢？

时间管理训练

需要准备的工具

收纳箱（盒）、笔筒、文件夹、文件袋

1. 创造有序的整理空间

如果希望孩子能够自主分类放置脏衣物，应为他们提供一个专门的脏衣篮或箱子；若要孩子整理学习用品，应提供足够的收纳用品，并指导他们："使用完铅笔后放回笔筒，读完课本后放入学科专用的文件袋。"

为了降低整理的难度，家长可以采取以下措施：

（1）将整理工具放置在便于使用的位置。

（2）将整理过程分解成简单步骤，使其易于完成。

（3）在日常生活中保持空间的整洁，避免随意堆放物品。

2. 以身作则，提供必要的指导

观察发现，父母若不擅长整理，孩子往往也会习得这一习惯；相反，如果父母能够井井有条地整理物品，孩子也更容易养成同样的好习惯。特蕾莎修女曾说："不必担忧孩子不听你的话……他们其实一直在观察你的行为。"因此，在培养孩子整理习惯的过程中，父母首先需要自己勤于整理，以身作则。在示范整理时，应逐步解释每个步骤，帮助孩子建立对整理的基本理解。一旦孩子掌握了整理的流程，父母应在一旁观察，让孩子参与其中，从而认识到自己对个人物品的责任。

3. 鼓励孩子参与，听取他们的意见

虽然家长自己整理物品效率更高，但与孩子沟通后决定物品的存放位置，更有助于孩子养成良好的收纳整理习惯。这是因为沟通过程本身就是孩子学习整理的机会。孩子在与父母讨论和思考的过程中会产生参与感，这将减少他们未来犯错的可能性。为了增强孩子的参与感，家长

应倾听孩子的意见，经常询问："你怎么看？""你有什么想法？""你认为新买的东西应该归类到哪里？""把不常玩的玩具放在箱子底部怎么样？"此外，建议每周安排一天家庭劳动日，父母和孩子一起打扫和整理，这不仅能增强孩子的参与感，还能促进亲子关系的和谐发展。

4. 表扬孩子，增强他们的成就感和积极性

我们应该在发现孩子优点的同时引导他们。孩子若能逐渐认识到自己的优点，即便面对困难，也会激发出克服困难的决心。许多父母追求完美，只有当孩子做到最好时才给予表扬；然而，父母需要认识到，没有完美的孩子，也没有完美的父母。为了激励孩子做得更好，父母不应吝啬赞美。孩子哪怕完成了一件小事，也值得表扬。

让孩子主动整理自己的物品，是培养孩子独立性的一个重要方面，这也是父母的必修课之一。家长按照以上方法可以耐心地、逐步地引导孩子从整理自己的物品开始，逐渐学会独立，进而培养他们解决生活中重大问题的能力。

第六章

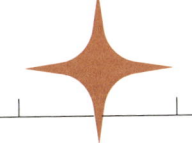

劳逸结合
——自由时间管理

1
如何给孩子设定自由时间

佳佳的妈妈是一个非常严谨和细心的家长，从佳佳上小学二年级开始，她就将晚上的时间全部用来陪伴佳佳学习。为了确保孩子能够吸收更多的知识，佳佳的妈妈为佳佳制订了详尽的家庭学习计划。

这个计划从佳佳放学回家一直持续到晚上就寝，几乎没有任何的空闲时间，所有的时间都被学习任务填满。如果佳佳提前完成了既定的学习任务，妈妈还会给她增加额外的学习内容。

随着时间的推移，佳佳的成绩确实有所提高，这让佳佳的妈妈坚信她的教育方法能够将孩子培养成学习上的佼佼者。

然而，当佳佳升入三年级后，问题开始逐渐浮现。起初，佳佳的妈妈发现她制订的许多学习计划佳佳都难以完成。随后，佳佳在完成作业上变得越来越拖沓，才刚刚完成老师布置的家庭作业就已经到了睡觉时间。

面对这种情况，佳佳的妈妈开始催促、责备，甚至有时会对孩子大动肝火，但这些做法并没有改变佳佳拖沓的习惯，反而使情况越来越糟糕。

"爱玩"是孩子们的天性，每个孩子都希望多玩耍、少学习。这与成年人在工作之后寻求放松和娱乐的需求相似，因为学习任务需要孩子持续地耗费精力去完成，同时会带来一定的心理压力。因此，对孩子来说，最有效的学习方法是将学习和休息相结合。如果孩子的生活只被学习任务填满而没有适当的休息，他们可能会逐渐对学习感到厌烦和反感，这会降低他们的学习效率。为孩子安排自由时间相当于给了他们一个"奖励"，孩子在努力学习并完成任务后，就能获得属于自己的休闲时光。这样的安排可以激励他们快速完成学习任务，以便享受"自由"的回报。

具体如何做呢？可以参考以下方法：

时间管理训练

1. 制订自由时间的使用原则

为了确保自由时间能够发挥上述作用，家长需要与孩子约定以下三个基本原则：

（1）自由时间必须由孩子自主安排。

（2）自由时间应当是孩子完成既定任务后剩余的时间，即孩子完成任务越高效，自由时间就越充裕。

（3）自由时间应有一定的限制，孩子可以自由选择活动内容，但必须符合家庭规定，部分活动可能需要事先得到家长的同意。

2. 合理引导孩子的自由时间

合理引导孩子的自由时间意味着家长需要对孩子的自由时间进行适度的管理。尽管自由时间强调孩子的自主性，但鉴于不同年龄段孩子的自我管理能力存在差异，完全放任可能会带来潜在风险。因此，家长应根据孩子的实际情况，制订合理的规则进行引导。具体措施包括：

（1）考虑孩子的年龄特点。对于学前儿童，家长可以为其选择自由时间的活动；对于小学低年级学生，家长可以明确禁止某些活动或要求孩子事先报备；对于小学高年级学生，家长应适度干预。例如，通过协商限制玩游戏的时间，以保护孩子的视力。

（2）采取管控策略。管控的目的是减少不良习惯，避免与孩子产生直接冲突。家长应采取"发现即干预"的策略，通过协商与孩子达成共识，确保亲子间的沟通顺畅，同时不削弱自由时间的正面效果。

3. 制订并实施自由时间计划表

使用自由时间计划表的目的是培养孩子的时间预估能力和自我控制能力。时间预估能力是指孩子对完成每项活动所需时间的预判，而自我控制能力则是为了避免孩子在自由时间内因缺乏计划而过度沉迷。例如，孩子计划看 30 分钟的动画片，但实际上看了 60 分钟还未停止。通过使用自由时间计划表（表 6-1），可以有效地解决这类问题。具体操作步骤如下：

（1）让孩子在计划表的"事项"一栏列出自由时间内打算进行的活动。

（2）预估每项活动所需的时间，并将预计时间填写在相应的位置。

（3）每完成一项活动，孩子应记录实际花费的时间。

表 6-1　自由时间计划表

顺序	事项	预计时间	实际用时	备注
1				
2				
3				

2

课间 10 分钟，放松身心作调整

下课铃声响起，课间休息时间到了。佳佳和她的同学们正思考着如何利用这宝贵的 10 分钟。正当大家犹豫不决时，李老师提出了一个建议："孩子们，让我们利用这段时间来做眼保健操吧！"

"太好了！"同学们齐声响应，迅速安静地坐到自己的座位上，准备开始。随着广播里传来的轻柔音乐，眼保健操开始了。"闭眼，第一节……"同学们跟随指令，认真地进行每一个动作。

音乐结束，眼保健操也随之完成。佳佳感到眼睛的紧张和疲劳得到了缓解。

"佳佳，我们去外面活动一下吧！"张涛向佳佳发出了邀请。

佳佳走出教室，呼吸着新鲜的空气，她伸展四肢，活动筋骨，做了几个简单的体操动作。不一会儿，她感到精力充沛，身体变得轻松了许多。

随着上课时间的临近，同学们陆续返回教室，各自回到了自己的座位。佳佳也不例外，她首先整理了上一节课的课本和笔记，将它们整齐地放在课桌的一侧。接着，她从书包中取出下一节课所需的教材和笔记本，井井有条地摆放在课桌中央。一切准备就绪后，佳佳安静地坐着，期待着下一节课的开始。

持续的专注和不懈努力虽然重要，但长时间的紧绷状态会导致身体和心理的疲劳，进而影响到孩子之后阶段的注意力集中。因此，我们有必要引导孩子学会在紧张的学习与放松之间进行有效的切换。课间10分钟是一个重要的休息和调整时间，课间休息的目的是让学生在下一节课中能够更好地集中注意力，因此选择适合自己放松和恢复的方法非常重要。以下是一些具体的建议，帮助学生充分利用这段宝贵的休息时间：

时间管理训练

1. 放松眼睛

长时间盯着书本或电子屏幕会使眼睛疲劳。课间，可以远离屏幕，走到窗边或户外，眺望远方的景物，让眼睛得到休息。此外，可以尝试做眼保健操，按照正确的穴位按摩，促进眼部血液循环，缓解眼部疲劳。

2. 活动筋骨

长时间保持同一姿势可能导致身体僵硬。利用课间做一些简单的伸展运动，如转转脖子、扭扭腰、伸展手臂和腿部，可以缓解肌肉紧张，促进血液循环。这些动作不需要太大的空间，也不需要太长的时间，但效果显著。

3. 呼吸新鲜空气

如果学校允许，可以到户外呼吸一下新鲜空气。短暂的户外时间不仅可以让大脑得到休息，还可以提神醒脑，提高下一节课的注意力。即使是在室内，也可以打开窗户，让新鲜空气流通。

4. 社交互动

与同学交流可以放松心情，增进友谊。简单的聊天或小游戏可以缓解学习压力，提高情绪。这种社交互动有助于建立良好的人际关系，也有助于培养团队合作精神和沟通能力。

5. 冥想或深呼吸

进行一两分钟的冥想或深呼吸练习，有助于放松身心，减少压力。冥想可以让人的注意力从学习压力中解脱出来，达到一种平静的状态。深呼吸可以改善心肺功能，增加大脑的氧气供应，提高注意力和记忆力。

3

腾出时间，一起做锻炼吧

"爸爸妈妈，我们一起去散步吧！"佳佳结束了近1小时的学习，满怀期待地向父母提议。

"嗯……你和妈妈去吧，爸爸还有一些事情要忙。"爸爸看起来有些疲惫，但还是坚持着工作。

"爸爸，是谁说身体是革命的本钱？又是谁说休息是为了更好地工作?"佳佳故意反问道。

爸爸只能暂时放下手头的工作,说道:"好吧,好吧,就出去活动半小时,回来继续工作也不耽误事儿!"

佳佳一家出门了,室外的空气清新宜人,人们以各种方式锻炼身体。有的人牵着狗悠闲地散步,有的人在活动中心打太极拳,还有的戴着计步器跑步,每个人都有适合自己的锻炼方式。

妈妈喜欢跳舞,这是她独有的锻炼方式。"我要开始喽!"妈妈边说边打开手机里的音乐,随着轻柔的旋律,她开始翩翩起舞,动作优雅而有节奏。

爸爸也开始活动筋骨,先是握拳,抬起两条胳膊,用胳膊肘有力地向后甩几次,再一只手叉腰,另一只手伸过头顶往下压,然后是扭腰、踢腿……

佳佳也不甘示弱,拿出提前准备的跳绳,随着自己的节奏,让注意力保持在"绳子来了""跳过绳子""继续再来"上,并想着"不能让绳

子绊倒自己"。几分钟下来，佳佳感觉弹跳力和节奏感都进入了最佳状态。

短暂而愉快的活动时间结束了，佳佳和爸爸妈妈准备回家了。

"抽出时间活动活动就是不一样啊！感觉又有力气干活了。"爸爸神清气爽地说。

佳佳和妈妈咯咯地笑着，一家人的散步不仅锻炼了身体，也增进了家庭的和谐与快乐。

运动不仅能够提高心肺功能、增强肌肉力量、改善身体协调性，而且对大脑的健康也有着显著的积极影响。运动能刺激大脑释放内啡肽等化学物质，这些物质被称为"快乐激素"，能够帮助降低压力水平，提升情绪，使人心情愉悦。当人们心情愉悦时，工作效率也会随之提高。运动能够促进血液循环，增加大脑的氧气供应，这有助于提高大脑的清晰度和思维敏捷性。一个清晰的大脑是学习和工作的重要基础，能够让人更加专注和高效。

因此，鼓励孩子养成定期运动的习惯，有助于培养出一个更加健康、聪明、快乐的孩子。那么，哪些运动有助于我们练习集中注意力呢？

时间管理训练

需要准备的工具

跳绳、乒乓球、轮滑装备、泳衣

1. 跳绳

跳绳是一项非常适合儿童和青少年的运动,它不仅能够提升跳跃能力、节奏感和身体协调性,还能有效增强心肺功能,实现全身性的锻炼效果。跳绳的技巧容易上手,操作简便,这使它成为课余时间或户外活动的理想选择。通过不断地练习,孩子们可以在短时间内掌握基本技巧,并逐渐提高自己的跳绳水平。

2. 舞蹈

舞蹈是一种艺术形式,也是一种极佳的锻炼方式。随着音乐的节奏舞动身体,不仅可以增强身体的灵活性和柔韧性,还能培养审美情趣,提高艺术修养。更重要的是,舞蹈要求舞者对音乐节奏和动作的精准把握,这有助于提高专注力和记忆力。无论是芭蕾、街舞还是民族舞,舞蹈都能带给人们身心的愉悦和健康。

3. 乒乓球

乒乓球作为一项竞技性运动,要求参与者具备快速反应和精准控制的能力。在乒乓球运动中,参与者需要持续跟踪球体的快速移动,这对提高注意力的稳定性具有显著效果。同时,乒乓球运动的竞技性和灵活性还能有效提升参与者的反应速度和身体协调能力,是一项对身心发展都有益的运动。

4. 游泳

游泳是一项全身性的运动,它不仅能够提高肺活量和增强心肺功能,还能在短时间内消耗大量热量，具有很好的减肥效果。游泳时，身体的各个部分都需要协同工作，这对增强身体的整体协调性和肌肉力量非常有帮助。此外，游泳还能有效缓解关节压力，适合各个年龄段的人群参与。

5. 轮滑

轮滑作为一种时尚的运动方式，越来越受到年轻人的喜爱。它不仅能够锻炼参与者的观察力和判断力，还能增强身体的协调性和平衡能力。在保持平衡和速度的同时，参与者需要集中注意力避开障碍物，这对提高注意力的稳定性和分配性非常有益。轮滑还能帮助培养参与者的勇气和自信，是一项充满挑战和乐趣的运动。

4

好好休息加适度娱乐，孩子周末这样过

周六终于来临，结束了一周繁忙学习的佳佳可以好好放松一下了。她首先完成了作业，之后的时间由她自由安排：她可以边吃西瓜边看喜欢的电视节目，也可以沉浸在书海中，享受音乐的陪伴，或者带着宠物狗去散步，随心所欲地做自己喜欢的事情。

轻松愉快的周六很快过去了，而周日，妈妈查看了天气预报——晴朗的天气，非常适合户外活动。

妈妈突然想到一个好主意："明天我们一家人去动物园怎么样？"

"太好了！""很久没有出去玩了！"佳佳和爸爸立刻表示赞同。

第二天，爸爸驾车带着佳佳和妈妈前往动物园。想到即将见到各种各样的小动物，佳佳兴奋不已。

"妈妈快看，大象用鼻子卷着香蕉吃呢！"佳佳指着饲养员喂食的方向。

"哈哈，真的呢。"妈妈笑着回应。

"看那边，小猴子跳来跳去，好活泼！"爸爸指着猴山说。

"大熊猫正憨态可掬地吃着竹子，真可爱。"妈妈补充道。

当他们来到斑马区，佳佳想起了她在科普书上读到的内容。

"爸爸，我考您一个问题，斑马是白马还是黑马？"佳佳带着一丝神秘感问道。

"让我想想，斑马是……有白色条纹的黑马。"爸爸思考后回答。

"答对了！"佳佳和妈妈异口同声地称赞。

游玩了一段时间后，三人在园内的草坪上躺下，仰望蓝天。

"云朵白白的，好像一团团棉花。"妈妈感叹道。

"那不是棉花，是像绵羊一样柔软的云。"爸爸打趣说。

"不对，不对，它们更像是甜甜的棉花糖……"佳佳插话道。

三人相视而笑，笑声在空气中回荡。

随着动物园之行的结束，这个轻松愉快的周末也画上了圆满的句号。

佳佳感慨地说："适当的休息和娱乐活动，让周末生活变得更加丰富多彩！"

周末是孩子放松身心、远离学校压力的重要时刻。父母应确保孩子拥有充足的自由时间，以避免他们产生对学习的厌倦感，这对于培养孩子长期的学习热情至关重要。周末同样是家长教育孩子、培养他们学习生活技能的宝贵时机。家长可以利用这段时间教导孩子如何勤劳自立，养成良好的家务习惯。为了帮助孩子学会合理规划周末时间，家长的参与和指导是不可或缺的。那么"周末时光"该如何安排孩子的休闲时间？

时间管理训练

需要准备的工具

白板、白板笔、儿童手工材料

1. 共同规划

与孩子一起讨论并规划周末活动，让他们感到自己也能参与决策，从而增强他们的参与感和责任感。可以通过家庭会议的形式，或者更有趣的方式，比如使用一块白板，让孩子将想法写在上面，共同决定周末的安排。

2. 平衡休息与活动

确保孩子在周末有足够的休息时间，这对他们的身心健康至关重要。同时，也要安排一些户外活动，如去公园游玩、徒步或骑自行车，这些活动不仅能够促进孩子的身体健康，还能让他们亲近自然，享受户外的乐趣。

3. 亲子游戏时间

安排一些家庭游戏或桌游时间，这不仅能增进家庭成员间的关系，还能锻炼孩子的思维能力和社交技能。选择一些适合孩子年龄的游戏，让每个人都能参与并享受游戏的乐趣。

4. 艺术与手工

鼓励孩子参与艺术和手工活动，如绘画、制作手工艺品等。这些活动有助于提高孩子的创造力和动手能力，同时也是很好的亲子互动机会。

5. 家庭出游

根据孩子的兴趣和年龄选择一个合适的目的地进行家庭出游。无论是动物园、科技馆、主题公园、海滩还是山区，都能为孩子提供新的体验和学习机会。出游不仅能让孩子放松心情，还能拓宽他们的视野。

6. 自由时间

给孩子一些自由时间，让他们自己决定如何度过。这段时间可以用于玩玩具、和朋友玩耍或者进行一些安静的活动，如阅读或绘画。自由时间对于培养孩子的独立性和自我管理能力非常重要。

通过这些精心安排的周末活动，孩子的周末将充满乐趣和活力，同时也能够促进他们的全面发展。重要的是，制订孩子周末时间安排时，要确保活动安排既有结构性也有足够的灵活性，以适应孩子和家庭的需要。

5

经常带孩子去接触大自然

最近，佳佳心情有些低落，甚至在做作业时也显得心不在焉。爸爸注意到了女儿情绪的变化，决定帮助女儿排解心中的困扰。

在一个周末，爸爸像佳佳小时候那样，开车带她去了郊外。佳佳一到郊外就深吸了一口清新的空气。

佳佳爸爸趁机询问女儿："现在可以告诉爸爸，最近发生了什么事吗？"

佳佳回答说："您知道，我和丽丽是好朋友，我们一直关系很好。但她要转学了，而且学校很远，我们学习又忙，可能没有时间再见面了。想到以后要一个人上下学，我就感到难过。"

佳佳爸爸安慰女儿："爸爸理解你的感受，真正的友情确实难得，我相信丽丽也很珍视你们之间的友谊。但佳佳，你想想，如果你一直这样不开心，不仅会影响学习，对你的身体也不好。现在通信这么方便，你们可以通过电话、微信、视频聊天保持联系，不必太难过。"

"嗯，您说得对，和爸爸出来散散心，我觉得好多了。"佳佳说。

佳佳爸爸承诺："以后有空，我会经常带你出来，多接触大自然，爬爬山、看看水，这样你的心情一定会更好。"

果不其然，和爸爸回家后，佳佳又恢复了往日的笑容，学习也重新充满了动力。

随着城市化进程的加快，虽然生活便利性增加，但人们亲近自然的机会却减少了。城市中的孩子尤其渴望接触自然，他们常表达不愿整天待在室内的感受。由于学习任务繁重和家长期望上升，孩子们缺乏户外活动，这对他们的身心健康不利。

大自然是孩子学习和体验的最佳场所，它能够丰富孩子的知识、增长见识、锻炼意志力。即使是婴儿，自然环境中的感官刺激也极大地促进了他们的知觉发展。因此，家长应鼓励孩子走到户外，体验自然之美，这不仅能提升孩子的感知力和专注力，还能刺激大脑细胞，提高他们的注意力，促进情绪释放。以下是一些实用的建议：

时间管理训练

需要准备的工具

蔬菜和花卉种子、花盆、望远镜、露营装备、日记本

1. 周末家庭出游

周末是家庭团聚和共同探索的好时机。家长可以计划带孩子去附近的自然景区进行短途旅行，如城市公园、郊外森林、宁静的湖泊或崎岖的山脉。这样的旅行不仅能够让孩子暂时远离电子产品，还能让他们在自然环境中放松身心，学习新知识。

2. 日常散步

在日常生活中，鼓励孩子在小区的花园或附近的绿地散步，这是一种简单而有效的接触自然的方式。孩子可以在散步时观察不同种类的植物和动物，培养观察力和对自然的好奇心。

3. 季节性活动

随着季节的变换，可以安排相应的户外活动。春天可以组织踏青活动，夏天去海滩或游泳池游泳，秋天则是采摘水果的好时机，而冬天可以体验滑雪或堆雪人的乐趣。这些活动不仅能够让孩子体验季节的变化，还能让他们在不同季节中找到乐趣。

4. 园艺活动

通过让孩子参与家庭园艺活动，如种植蔬菜和花卉，他们可以直观地了解植物的生长周期，感受从播种到收获的全过程。这种实践活动能够增强孩子的责任感和满足感。

5. 观鸟活动

观鸟是一种既有趣又能增长知识的活动。家长可以为孩子准备望远镜，带他们去公园或郊外观察和识别不同的鸟类。这不仅能提高孩子的观察力，还能让他们学习到关于鸟类习性的知识。

6. 露营体验

安排一次家庭露营旅行，让孩子在大自然中过夜，这是一种非常特别的体验。孩子可以在夜晚观察星空，清晨聆听鸟鸣，这种亲密接触自然的经历能够激发他们的想象力和探索欲。

7. 自然日记

鼓励孩子记录他们在自然中的观察和体验，无论是通过绘画、拍照还是写作。这样的自然日记不仅能够帮助孩子回顾和整理他们的经历，还能培养他们的写作习惯和自我表达能力。

通过这些活动，孩子不仅能够获得知识和乐趣，还能在自然中学习尊重生命、保护环境的重要性。重要的是，家长应该陪伴孩子一起参与，共同体验自然之美，这样的亲子互动对于孩子的成长和家庭关系的增进都是非常有益的。

6

和孩子一起安排行程清单

阳光透过窗帘，温暖地照在房间里，佳佳迎来了一个充满期待的周末。每个周六的早晨，她都会优先完成家庭作业，确保余下的时间可以自由安排，享受各种有趣的活动。

"妈妈，我作业做完了，下午我可以和朋友们去公园踢足球吗？"

"当然可以，宝贝。"妈妈微笑着回答，"不过下午少年宫有一堂天文学的试听课，你不是一直对星星很感兴趣吗？想不想去听一下？"

"真的吗？太好了，我超想去！"佳佳兴奋地跳了起来，"那我先去听课，然后再去踢球。"

午后，佳佳参加了少年宫的天文学试听课。课堂上，老师用生动有趣的方式讲解了关于宇宙和星星的知识，佳佳听得津津有味。

课程结束后，她和伙伴们在公园的足球场上尽情奔跑，虽然每个人都汗流浃背，但他们的笑声和欢呼声充满了整个球场。

夜幕降临，佳佳回到家中，终于可以享受她期待已久的游戏时间了。她决定把上周节省下来的游戏时间一次性玩个够。

在准备睡觉前，佳佳好奇地问爸爸妈妈："明天我们有什么计划吗？"

爸爸兴奋地说："我们明天早上一起去晨跑怎么样？"

"嗯，听起来不错。"

妈妈接着提议："然后我们上午去超市买些礼物，下午去看望爷爷奶奶。"

"太好了，我很想他们！"佳佳高兴地同意了。

这个周末，佳佳在家人的陪伴下度过了充实而愉快的时光。她感到非常满足，对即将到来的新一周充满了期待，准备迎接新的学习和挑战。

和孩子一起安排行程清单是一项充满乐趣且富有教育意义的活动。家长与孩子共同参与行程规划，可以增进家庭成员间的沟通与理解，加强亲子关系。在共同规划的过程中，孩子能够学习到责任意识。例如，他们需要学会按时完成作业、准备第二天的课本和学习用品，或是参与家庭的清洁工作。这些小小的责任可以让孩子逐渐认识到自己的行为对家庭的影响，从而培养出独立和自我管理的能力。

同时，通过共同参与行程规则，家长也能更好地了解孩子的需求和兴趣。通过讨论和协商，家长可以发现孩子对某些活动的热情，或是对某些任务的抵触。这种了解有助于家长调整教育方法，满足孩子的成长需求，同时也能够鼓励孩子表达自己的想法和感受。

共同安排行程规划还能教会孩子如何作决策和解决问题。面对冲突的日程或有限的时间，孩子需要学会权衡和选择，这有助于他们发展批判性思维和决策能力。家长可以引导孩子思考不同的解决方案，并支持他们作出明智的选择。

以下是一些步骤和提示，帮助您和孩子共同制订一个有效的行程清单。

时间管理训练

需要准备的工具

笔、白板、彩色标签纸、白纸

1. 讨论和规划

找一个合适的时间，比如晚餐后或周末，与孩子一起坐下来，讨论即将到来的一周或一天的活动。鼓励孩子表达他们的想法和兴趣，询问他们希望参与哪些活动。确保行程中不仅包括必要的学习时间，还有孩子喜欢的娱乐和休闲活动，如绘画、音乐或体育。

2. 列出所有活动

让孩子将他们想要做的所有活动列出来，无论是学习任务、游戏时间、体育活动还是与家人共度的时光。这个列表可以写在纸上、白板上，或者输入到电子设备中，确保所有的想法都被记录下来。

3. 优先排序

与孩子一起审视列出的所有活动，帮助他们根据重要性和紧迫性对活动进行优先排序。讨论哪些活动是必需的，比如学校作业和家庭责任；哪些是可选的，比如额外的娱乐活动。教会孩子如何权衡不同活动的重要性。

4. 分配时间

为每项活动分配合适的时间，确保孩子有足够的时间完成每项任务，同时也有休息和自由玩耍的时间。讨论每项活动可能需要的时间，并尝试在一天中找到合适的时间段来安排它们。

5. 使用视觉工具

使用日历、白板或图表等视觉工具来展示行程清单，这可以帮助孩子更好地理解和记忆计划。使用彩色编码或不同形状的标记可以增加视觉吸引力，使孩子更愿意参与和遵守计划。

6. 反馈和调整

在孩子执行行程清单时提供必要的监督和支持，确保他们能够按计划进行。在一天或一周结束时，与孩子一起回顾行程清单的执行情况，讨论哪些做得好，哪些需要改进，并根据反馈进行调整。这种反思过程有助于孩子学习如何管理时间和提高效率。

通过以上步骤，与孩子一起制订的行程清单不仅有助于提高他们的组织能力和时间管理技能，还能增强家庭成员之间的沟通和联系。重要的是，这个计划应该是一个动态的文档，能够随着孩子的成长和家庭需求的变化而调整。

7

假期表，让孩子假期不放纵

随着暑假的临近，同学们在课间兴奋地讨论着他们的假期计划。

"佳佳，假期你有什么打算？我打算和家人一起去海南度假。"好友张涛兴奋地分享他的计划。

"我才不只想着玩呢！我打算利用假期多读几本书。"李小娜认真地说道。

"我还没决定……"佳佳沉思着。

> 我打算和家人一起去海南度假。

> 我打算利用假期多读几本书。

> 我还没决定……

这时，王老师走过来，语重心长地说："提前规划假期很重要，否则假期结束时，你可能发现自己一事无成，只剩下遗憾了！"

王老师的话让佳佳深受启发，她决心好好规划自己的暑假。

佳佳开始行动了：她先在记事本上绘制了一张暑假日历，清晰地标出了放假和开学的日期。接着，她列出了假期中每天要完成的事项，包括晨跑、做家务，以及必须完成的暑假作业和阅读。她还特别想学习游泳，并希望和家人一起出游。明确了目标后，佳佳将每个计划都详细记录下来，并与父母一起讨论，合理安排时间。

暑假如期而至，佳佳每天都按照计划行动：早上8点左右进行晨跑，下午5点后遛狗。佳佳妈妈欣慰地说："有了计划，我就不用担心佳佳在假期里变得懒散了。"

假期的前10天，佳佳坚持每天完成4页暑假作业，至少阅读20页书。假期还没过半，她不仅完成了所有作业，还读完了一本课外书。佳佳爸爸为她报名了游泳课程，佳佳很快学会了蛙泳，她感到无比自豪。

在开学前的一周，父母带着佳佳去了海边旅游，享受了愉快的家庭时光。对佳佳而言，这个暑假不仅过得非常充实，而且充满了意义和难忘的回忆。她学会了如何规划和管理自己的时间，也体验到了通过努力实现目标的喜悦。

在长假期中，家长们普遍面临一个共同的挑战：孩子将度过几十天缺乏学校日常管理的生活，有大量自由时间。如何妥善安排孩子的假期生活，成了家长们需要解决的一个重要问题。如果规划不当，孩子在假期中可能会面临大量空闲时间，这不仅无法得到有效利用，还可能让他们养成一些不良习惯。那么，家长们应该如何着手呢？

时间管理训练

需要准备的工具

假期时间安排表

假期安排应涵盖以下几个核心内容：

1. 假期安排的内容

- **作息习惯**：对于所有年龄段的孩子，规律的作息时间是家长首先需要关注的。假期中，家长应避免让孩子过度放松，如无限制地睡眠和随意饮食，这可能导致孩子养成不良的生活习惯，开学后纠正起来较为困难。正确的做法是，即使在假期，也应保持与平时相近的作息规律，可以稍微放宽 10～15 分钟的起床时间。科学研究表明，6～12 岁的孩子每天需要 9～12 小时的睡眠，家长应确保孩子获得充足睡眠，避免晚起晚睡的恶性循环。

- **学习任务**：家长应确保孩子每天有不少于 2 小时的学习时间。这包括完成学校布置的假期作业，以及家长安排的额外学习活动，如阅读课外书籍或预习新学期课程。

- **假期目标**：根据孩子的兴趣和意愿设定小目标，家长应了解孩子的心愿，并根据孩子的年龄特点协助或让孩子自己制订计划。三年级以下的孩子由家长帮助制订计划，四至六年级的孩子在家长的协助下制订计划，而初中生则主要由自己制订计划，家长提供必要的支持。

- 自由时间：孩子应有自己安排的时间，每天至少 2 小时。这是孩子期待的休息和自由时间，过度安排会给孩子带来压力，导致他们感到任务繁重而不愿开始或拖延。自由时间是孩子放松和享受的时间。
- 激励措施：规划假期出行，通过旅游来增长孩子的见识。孩子了解的世界越广阔，越能明确自己的兴趣和目标。家庭可根据实际情况安排旅游计划，作为对孩子完成假期任务的激励。

2. 假期不同阶段的安排

- 假期初期：重点是建立规律的作息时间，并确保孩子对学业任务的完成度。假期开始时形成的习惯会对孩子整个假期的状态产生影响。如果在这个阶段养成了不良习惯，之后改正将会比较困难。
- 假期中期：此时可以安排孩子实现一些小目标，如学习新技能或完成个人项目，同时规划家庭旅游或游玩活动。将游玩时间安排在假期中期，一方面可以作为孩子在假期开始时努力学习的激励；另一方面，游玩结束后，孩子还有足够的时间来调整和准备回归学习状态。
- 假期后期：帮助孩子逐渐从假期的放松状态中转变回学习模式，再次强调规律的作息习惯，检查假期作业的完成情况，并预习新学期的学习内容。这个阶段的目标是让孩子平稳过渡到新学期的学习生活，减少开学初的焦虑和不适应。

3. 假期计划实施的注意事项

- 个性化计划：了解孩子的具体需求和兴趣，以孩子能够接受的方式进行沟通。对于有主见的孩子，家长应多使用孩子愿意倾听的语言，并在关键问题上坚持原则。例如，询问孩子的愿望，并给予他们表达的机会，同时也要设定合理的界限。
- 日常监督：定期检查孩子的日常生活和学习任务的执行情况，包括作息时间和作业完成度。适当的监督能鼓励孩子认真执行计划。面对孩子未完成的任务，家长应采取鼓励而非责备的方式，激发孩子的积极性。

8

引导孩子养成午休的习惯

明明是个活泼好动的小男孩，从不喜欢午睡。他认为午睡是浪费时间，不如用来玩耍或看动画片。

随着时间的推移，明明的班主任刘老师开始注意到，明明下午上课时经常打哈欠，注意力不集中，有时甚至连作业都忘了做。

一天下午，明明的数学考试成绩出来了，成绩比平时低了许多。老师在课后与明明谈话，了解到他下午常常感到疲倦。老师建议明明尝试午睡，以帮助恢复精力，提高学习效率。

明明决定听从老师的建议，开始尝试午睡。起初，他难以入睡，但几天后，他开始适应并享受午睡带来的宁静时光。渐渐地，明明发现下午的学习变得更容易了，他能够更快地完成作业，甚至在课堂上举手回答问题的次数也多了。

明明的转变让刘老师感到非常欣慰。她在班会上表扬了明明的进步，并讲解了午睡的好处，明明也主动站起来，分享了自己午睡后的变化和感受。他说："以前我总觉得午睡是在偷懒，但现在我知道了，午睡其实是一种充电。它让我下午上课时头脑更清醒，反应更快。"

睡眠对于保持身体和心理健康至关重要，尤其是午睡，它对于恢复体力和提高下午的学习效率极为有益。专家发现，午休不仅有助于恢复体力和提高下午的学习效率，还能降低患心脏病等健康风险。人体在一天中有三次睡眠高峰，中午1点的高峰最为明显，因此午休被视为一种"健康充电"。对于孩子来说，养成午睡的习惯不仅有助于他们的生长发育，还能提高下午的学习效率。家长应鼓励孩子在中午安排短暂的休息时间，以维持其身心健康和学习表现。那么，父母能够在孩子午睡这一问题上提示他做些什么呢？

时间管理训练

1. 避免饭后立即午睡

午餐后，由于胃中充满了食物，消化活动正旺盛，立即午睡可能会干扰消化系统的正常运作，影响食物的消化吸收，长期这样做还可能导致胃病。同时，这也可能降低午睡的质量。建议家长指导孩子在饭后至少等待半小时再午睡。

2. 注意睡姿

理想的睡姿是右侧卧，这有助于减轻心脏的负担，增加肝脏的血流量，从而促进食物的消化和代谢。然而，鉴于午睡时间通常较短，不必过分强调睡姿的具体方向，重要的是找到一个能够快速入睡的舒适姿势。午睡时，应放松腰带，以便于胃肠蠕动，促进消化。如果选择在桌子上趴睡，可以在胳膊下垫一个柔软且有一定高度的物体，以减少身体的压力，更容易入睡。

3. 控制午睡时长

10～30分钟的午睡时间已足够，应避免午睡时间过长。过长的午睡可能导致人进入深度睡眠周期，醒来后可能会感到更加疲倦，影响下午的精神状态和活动效率。

9

告诉孩子，父母不在时怎么安排时间

中秋节的夜晚，乐乐坐在院子里，凝视着天空中的皎洁明月，仿佛能看见爸爸妈妈那温柔的笑容。往年的中秋，乐乐总是与爸爸妈妈一同庆祝，但今年他们因工作需要值班，只有奶奶陪伴在旁。

"乐乐，快来屋里吃月饼。"奶奶在屋内呼唤着。

"稍等，奶奶，我在赏月呢！"乐乐目不转睛地回答。

"别太失落，明天你爸妈就回来了，到时候他们就能和你一起赏月了。"奶奶安慰着乐乐。

乐乐轻声说："奶奶，我不是难过，只是爸妈不在，我有点不知道做什么好。"

> 爸爸妈妈不在，我有点不知道做什么好。

"哎呀，我差点忘了，你爸爸出门前给你留了张纸条，就在你的书包里，快去看看吧。"奶奶一拍额头，想起了这件事。

"什么纸条？"乐乐好奇地翻找书包，果然发现了一张纸条。上面写着："乐乐，今晚我们不能陪你过中秋，你自己找些有趣的事做吧，比如我们以前常玩的'水中花，镜中月'。"

乐乐眼睛一亮，兴奋地对奶奶说："奶奶，能帮我准备一碗水、花瓣和镜子吗？我要开始表演了。"

奶奶很快为乐乐准备好了所需物品。

乐乐耐心等待水面平静，然后轻轻地将花瓣放在水面上。顿时，一幕奇妙景象呈现在眼前：花瓣在水面漂浮，月光下，碗底映出了花瓣美丽的影子。

"奶奶，快看，这就是水中花，是不是很美？"乐乐激动地叫道。

奶奶满眼笑意："美极了，乐乐真聪明！"

接着，乐乐将镜子平放在桌上，从不同角度欣赏镜中的月亮："这样就不用抬头看月亮了，真方便……"

乐乐用这些简单的道具，度过了一个充满乐趣和创意的中秋节。

当父母因工作或其他原因无法陪伴孩子时，教会孩子如何自我安排活动显得尤为重要。上面的故事中，乐乐原本因为爸爸妈妈不在家而感到孤单，不知道如何度过节日，但通过爸爸留下的纸条，他发现了可以自娱自乐——玩"水中花，镜中月"游戏，最终度过了一个愉快的中秋夜，缓解了失落的情绪。当父母无法陪伴孩子时，重要的是教会他们如何自我安排活动，确保他们每时每刻都有事情可做。那么，父母可以如何引导孩子合理安排时间呢？以下是一些建议：

时间管理训练

需要准备的工具

日记本，纸张、颜料、剪刀、胶水等手工制作用品

1. 家庭"小小发明家工作室"

可以在家中打造一个"小小发明家工作室",为孩子创造一个充满灵感的环境,鼓励他们进行小发明或手工制作。家长可以提供各种材料,如纸张、颜料、剪刀和胶水,让孩子自由发挥,制作手工艺品或进行科学小实验。这样的活动不仅能够激发孩子的想象力和创造力,还能在父母忙碌时,让孩子找到既有趣又有意义的活动来填充时间。此外,家长可以与孩子一起参与这些活动,增进亲子关系,同时给予孩子必要的指导和帮助。

2. 户外活动

对于喜爱户外的孩子,父母可以鼓励他们参与更多的户外活动。例如,报名参加夏令营或冬令营,这些活动通常由经验丰富的教育工作者组织,不仅能让孩子在自然环境中学习和成长,还能让他们在专业团队的陪同下,尝试各种户外运动和探险活动,如徒步、攀岩或划船。这样的体验有助于孩子增强体质,拓宽视野,学习团队合作,并且更加亲近自然。

3. 日记习惯

写日记是一种简单而有效的提高孩子自我表达能力和写作技巧的方式。日记可以记录孩子的日常活动、心情变化、观察到的事物或心中的创意想法。父母可以为孩子准备一个精美的日记本,并鼓励他们每天抽出一点时间来记录自己的生活。此外,父母也可以在征得孩子的同意后,阅读孩子的日记来了解他们的内心世界,这不仅能增强亲子之间的沟通,还能帮助孩子建立自信，学会自我反思和自我管理。

4. 自主管理时间

在时间管理上，父母可以提供两种模式：一是为孩子安排好时间表，让他们按照计划执行；二是让孩子根据自己的个性和喜好自主安排时间。对于服从性较强的孩子，父母可以为其制订计划；而对于独立性较强的孩子，则可以鼓励他们自己规划时间。在这个过程中，父母应定期检查孩子的执行情况，并在必要时提供帮助和指导。

通过这些方法，父母可以帮助孩子学会独立管理时间，培养他们的自我管理能力，即使在没有成人陪伴的情况下，也能充实和有意义地度过每一天。

第七章

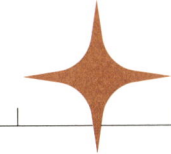

以身作则
——父母的行为是最好的示范

1
与其改变孩子,不如从自身做起

明明的爸爸妈妈经常忙于工作和社交活动,很少关注儿子的日常生活和学习。明明经常一个人在家,没有父母的陪伴和指导,逐渐养成了懒散和随意的生活习惯。爸爸妈妈经常告诉明明要好好学习,合理安排时间,但他们自己却常常熬夜看电视、玩手机,第二天又睡到很晚才起床。他们没有意识到,自己的行为正在潜移默化地影响着明明。

> 明明,你快点去睡觉,明天还要早起呢!

明明看到父母的行为,认为这就是生活应有的样子,所以他经常把作业拖到最后一刻才匆忙完成,成绩也一直不理想。他没有意识到时间管理的重要性，也没有学会如何规划自己的学习和生活。随着时间的推移，明明的学习成绩越来越差，他开始感到焦虑和迷茫。

明明的爸爸妈妈终于意识到问题的严重性，他们开始反思自己的行为，意识到自己没有给孩子树立好的榜样。为了改变现状，他们开始调整自己的作息时间，减少不必要的社交活动，更多地陪伴和关心明明。他们一起制订了家庭规则和时间表，鼓励明明参与到时间管理的实践中来。

起初，明明有些抵触和不适应，但在父母的耐心引导和榜样作用下，他逐渐认识到时间管理的重要性。他开始尝试按照计划学习，合理分配时间给学习和娱乐。慢慢地，明明的学习成绩有了明显的提升。爸爸妈妈意识到，要想让孩子养成良好的时间管理习惯，首先自己要做到。父母的行为和态度对孩子的成长有着深远的影响，只有父母自己先做好时间管理，孩子才能从中学习并受益。

许多家长在努力寻找有效的策略，以帮助他们的孩子学会并掌握时间管理的技巧。尽管尝试了多种方法，成效却不尽如人意。问题可能出在家长未能成为良好的榜样。孩子会在潜移默化中模仿家长的不良习惯，从而逐渐失去自律。例如，家长如果在周末睡到很晚，或在拜访亲友时总是临时准备，孩子很可能会学习并模仿这些行为，放弃他们原本学习的时间管理认知。如果家长自己不遵守规则，他们的教导就会失去影响力，孩子也不会受到正面的激励去管理自己的时间。要有效地教导孩子管理时间，家长应从自我做起，通过自己的行为展示如何高效规划和使用时间，为孩子树立强有力的榜样。这样，孩子不仅能学习到时间管理的具体技巧，还能从家长那里获得持续的正面影响，从而更有效地掌握

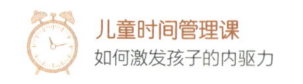

时间管理能力。

那么作为成年人，我们应该怎么管理自己的时间，给孩子树立好的榜样呢？从教育孩子的角度，建议做好以下几方面：

时间管理训练

需要准备的工具

时间计划表、闹钟

1. 集中精力，简化任务

认识到我们并非全能，应专注于关键任务以掌握时间管理的精髓。优先处理最重要的事项，削减非必要流程，使日程安排简化而高效。与孩子一起使用四象限法则，确定任务的优先级，保留紧急且重要的任务，忽略不紧急也不重要的事项，以培养他们选择和判断的能力。

2. 时间管理可视化

将一天的时间划分为不同的区块，如工作、日常生活、学习、运动等，并为每个区块设定具体的任务和时间。利用图表、日历或电子设备来记录和跟踪这些任务，设置闹钟或提醒来确保按时执行。这种可视化的方法有助于提高时间的利用效率，使日程安排更加有序且高效。

3. 善用碎片时间

在日常生活中，我们经常会遇到一些零散的时间段，如排队等候、乘坐公共交通等。家长可以教育孩子如何识别并利用这些碎片时间，例如复习学习内容、阅读书籍或规划未来的活动。提前准备一些适合在碎片时间内完成的小活动，这样一旦有空闲时间，孩子就可以立即投入行动，充分利用每一分钟。

4. 亲子相互监督

在时间管理上，家长与孩子可以建立一种平等的伙伴关系，相互监督和支持。对于需要共同完成的任务，家长可以与孩子一起设定明确的目标和时间限制，确保双方都能有效履行责任。这种相互监督不仅能提高时间管理的效率，还能增强亲子间的沟通和协作，共同培养良好的时间管理习惯。

2 亮出时间管理成果，激起孩子的欲望

芳芳是个活泼的三年级小学生，她清脆悦耳的声音吸引了班主任的注意。老师建议芳芳的妈妈培养她在朗读方面的才能。经过一番商讨，芳芳报名参加了朗读兴趣班，并在繁忙的学习之余，每天固定安排1小时进行朗读练习。起初，朗读练习的艰辛让芳芳感到不情愿，但在妈妈的坚持和陪伴下，她逐渐开始适应。妈妈不仅每天准时提醒芳芳练习，

还用心地用录音的方式记录下每一次的朗读，观察芳芳的进步。每当芳芳感到气馁或想要放弃时，妈妈就会播放她的录音，和之前的版本进行对比，鼓励她注意自己的提升。这些正面的反馈和妈妈的支持，激发了芳芳对朗读的热情，她变得更加自信，并决心坚持下去。

时间如白驹过隙，芳芳的努力终于得到了回报，在市里的朗读比赛中，她荣获了第二名的佳绩。妈妈欣慰地对她说："芳芳，我们的坚持终于有了成果，你开心吗？"芳芳兴奋地回答："妈妈，谢谢您一直以来的陪伴和鼓励，我以后会更加刻苦练习！"通过这次经历，芳芳不仅在朗读上取得了进步，更懂得了坚持和自信的重要性。

在家长与孩子共同进行时间管理的过程中，常出现这样的现象：起初，孩子对于新制订的时间管理计划充满热情，仿佛已经预见到未来的成功。但好景不长，这份热情很快消退。当提醒孩子按照计划进行任务时，他们往往反应冷淡，失去了最初的动力。

问题的根源何在？试想，如果成年人面对一项短期内难以看到成效的任务，坚持起来同样不易。因为长时间的坚持需要强大的意志力，有时还需克服内心的抵触。孩子们天生偏好简单直接的活动，耐心有限。当一项任务需要长时间才能显现成果时，孩子们很难持续投入。针对这一难题，家长们可以采取一些策略，例如定期向孩子展示时间管理的成效，让他们感受到自己的进步和每天的成就。当孩子意识到父母对他们的努力给予认可和肯定时，他们内心会获得满足，从而激发继续前进的动力。通过正面的激励和持续的鼓励，家长可以帮助孩子建立起持之以恒的意愿，让时间管理成为一种习惯。

为了使时间管理的成效更直观，我们可以学习故事中芳芳妈妈的思路，尝试以下几种方法：

⚙ 时间管理训练

> ⏳ **需要准备的工具**
>
> 任务进度表、水彩笔、奖励（游戏时间或家庭活动的选择权）

1. 可视化进展

为了使孩子在时间管理上的进步更加明显，父母可以创造性地运用图表和进度条。例如，制作一张月度进度表，用颜色标记出每天的学习时间，或者使用应用程序中的进度条来追踪任务的完成度。通过这些直观的工具，孩子可以清晰地看到自己每天、每周乃至每月的学习和活动安排，以及与既定目标之间的差距。这种视觉化的方法有助于孩子理解自己的行为与结果之间的联系，从而更有动力去优化自己的时间管理。

2. 定期回顾

父母应该与孩子建立一个固定的时间管理回顾机制。这可以是每周的家庭会议，也可以是每完成一个学习阶段后的总结。在这些时刻，父母可以和孩子一起检查时间管理计划的执行情况，讨论哪些方法有效，哪些需要改进。通过回顾，孩子能够认识到自己的努力并非无人注意，每一次的回顾都是对他们努力的肯定，也是对未来计划的调整和优化。

3. 正面反馈

当孩子在时间管理上取得进步时，父母应当及时给予正面的反馈。这种反馈可以是口头的赞扬，也可以是一些非物质的奖励，如额外的游戏时间或家庭活动的选择权。重要的是让孩子感受到他们的努力是被看见和赞赏的。这种正向的强化能够激励孩子继续保持良好的时间管理习惯，并在其他领域也寻求进步。

4. 设定小目标

为了使时间管理的训练更加具体和可操作，父母可以帮助孩子设定一系列短期的小目标。这些目标应该是具体、可衡量的，比如"本周内，每天提前 10 分钟完成作业"或"本月阅读 2 本新书"。每当孩子达成一个小目标，父母可以与孩子一起庆祝这个成就，如吃一顿特别的晚餐。这样的奖励能够让孩子感受到成功的喜悦，同时增强他们继续努力的动力。

3

采取约定的方式，激发孩子的主动性

周末早晨，乐乐的妈妈打算带乐乐去商场。为了避免乐乐见玩具就想买，妈妈提前与乐乐达成了一个协议：在商场里，他只能挑选一件家里没有的玩具。乐乐满怀期待地接受了这个挑战。他们在商场里逛着，乐乐尽管被五彩缤纷的玩具吸引,但他记得和妈妈的约定,没有提出购买任何玩具。直到他们经过一个展示猪猪侠有声玩具的橱柜,乐乐被那个穿着红色战衣的猪猪侠深深吸引,他渴望地请求妈妈购买。妈妈提醒他家里已经有猪猪侠玩具了,乐乐则争辩说这件不同,因为它更"威风"。妈妈坚持了他们的约定,并鼓励乐乐寻找其他可能更有趣的玩具。虽然乐乐有些失落,但他没有忘记如果不遵守约定,可能会完全失去得到玩具的机会。他不情愿地放弃了猪猪侠,情绪低落地跟着妈妈。

过了一会儿,妈妈引导他到一个新奇的玩具区,那里有一个带有灯光和风扇的小房子模型。在导购员的演示下,乐乐对这个新奇的玩具充满了好奇和兴趣。乐乐的眼中重新闪烁起兴奋的光芒,他紧紧抱住了这个玩具,询问妈妈自己是否可以拥有它。妈妈肯定地回答,这是对他遵守约定的奖励。

接着,妈妈提出了一个新的激励计划:如果乐乐能够按时完成学习计划,将会有更多的惊喜等着他。乐乐充满动力地接受了这个新挑战。在接下来的日子里,乐乐每天都努力按照学习计划完成任务,每完成一天,妈妈就会给他一张特制的通行证。他们约定,集齐7张通行证,乐乐就可以实现一个愿望;如果乐乐能够坚持更久,集齐30张,妈妈将带他去卡通乐园。

乐乐展现了前所未有的耐心和毅力,最终集齐了30张通行证,赢得了去卡通乐园的机会。这次经历让乐乐懂得了时间管理、自我约束的重要性,以及努力和坚持的价值。妈妈的创意和支持,帮助乐乐在成长的路上迈出了重要的一步。

时间管理不仅是对时间的规划和分配，更是一种对自我承诺的履行。它要求我们在约定的时间内完成既定的任务，这不仅是一种自律的体现，也是对他人承诺的尊重。教育孩子理解守约的重要性，可以帮助他们建立起对时间的尊重和对任务的责任感，从而在时间管理上表现得更加主动和坚持。

为了激发孩子的内在动力，父母可以通过与孩子达成"约定"的方式来进行教育。这种约定可以是关于完成作业的时间、起床的时间，或是参与家务的时间。父母可以与孩子一起商议这些约定，并明确违反约定的后果。通过这种方式，孩子会逐渐认识到遵守时间约定的重要性，并学会自我管理和自我激励。

在与孩子达成时间管理的约定时，应遵循以下策略：

时间管理训练

需要准备的工具

沙漏/计时器、抽签工具、奖励（与孩子共同商定）

1. 平和讨论

父母在制订家庭计划或规则时，应寻找一个宁静的环境，与孩子共同讨论。在这一过程中，父母应以开放的心态鼓励孩子表达自己的意见，即使孩子的想法可能尚显幼稚或不现实，父母也应通过提问引导孩子发现问题，而不是立即否定。这种平和的讨论不仅有助于建立亲子间的信任，也为孩子提供了一个自由表达的安全空间。

2. 平等分享

家庭讨论应确保每位成员都有机会发言。父母须耐心倾听，不打断或贬低任何观点，并通过沙漏计时或抽签等方法公平分配发言时间。这种平等的交流方式不仅体现了家庭的民主精神，也是对孩子的尊重和倾听能力的培养。

3. 筛选想法

在收集家庭成员的想法后，父母应与孩子一起讨论每个想法的可行性，去除不切实际或不公平的意见，最终选择一个大家都能接受的方案，并共同确定一个合理的时间框架，确保每个约定都是实际可行的。

4. 父母以身作则

在亲子关系中，父母的行为会直接影响孩子。父母需要严格遵守与孩子的每一个约定，如果未能遵守，应承担相应的后果；如果遵守了，应给予奖励。同样，孩子也应遵守约定，父母应坚持原则，不随意妥协。

5. 奖惩机制

父母和孩子可以提前约定奖惩机制。例如，如果父母未能按时出发去商场，应从孩子提前列好的清单中选择一样物品作为补偿；如果孩子未能准时，父母可以要求孩子在规定时间内完成特定任务，否则取消下一次选择的权利。这些奖惩措施应提前明确，确保双方理解并同意。

4

培养优秀儿童，父母要做到的准则

一天晚上，爸爸拿着一本关于时间管理的儿童读物来到明明的房间，他们一起阅读了关于如何规划一天的故事。明明被故事中小朋友如何合理分配时间完成所有任务的情节深深吸引。

第二天，妈妈提议一起制作一张时间表。他们用彩笔和贴纸，将一天的时间分成不同的区块，包括学习、游戏、帮助做家务和充足的休息时间。明明兴奋地参与其中，他甚至提出了自己的建议，比如在每个任

务完成后画上一个小星星作为奖励。

明明开始自己设定闹钟，在规定的时间内完成任务。每当他成功地在规定时间内完成一项任务，父母就会给予他表扬和小星星，明明的房间里很快就贴满了他的成就。明明的父母还教会了他优先处理重要事项的原则。每当明明面临多个任务时，他们会一起讨论哪些事情最紧急、最重要，然后优先完成它们。明明学会了区分"必须做"和"想要做"的事情，并逐渐培养出了良好的决策能力。

几个月后，明明不仅学习成绩有了显著提升，还成了班上的时间管理小达人。他的老师和同学们都惊讶于他的变化，明明自豪地告诉他们，这都是因为爸爸妈妈教他学会了如何管理时间。

时间管理并非单纯的计划制订或任务分配，其核心在于对个人行为的精准调控。父母作为孩子的第一任老师，如果期望孩子能够精通时间管理，就必须自己先成为榜样。这意味着父母需要在日常生活和工作中，展现出高度的自我管理能力，从守时、遵守承诺到合理规划日常活动，每一个细节都应体现出对时间的尊重和有效利用。通过自己的实际行动，父母可以向孩子传达一个信息：时间是宝贵的，每一分、每一秒都应该被合理规划和利用。同时，父母应避免随意改变计划或行为，以免向孩子传递出混乱和不可靠的信号。通过这样的以身作则，父母不仅能够教会孩子如何管理时间，更重要的是，能够培养孩子的责任感和自律性，为孩子的健康成长和未来成功奠定坚实的基础。那么，为了培养优秀的孩子，父母应该遵循哪些管理准则呢？

时间管理训练

需要准备的工具

番茄时钟/计时器、时间计划表

1. 明确目标

所有行为都应围绕明确的目标进行，以提高效率。目标可以划分为长期、中期和短期，为每个阶段提供方向。例如，短期内可以设定带孩子游览景区并完成图文日记的目标；中期目标可能是每周进行文化游览并提升写作能力；长期目标则可能是一年内提高孩子在班级中的排名。目标的设定需要明确、可量化、可实现，并有明确的时间限制。将目标写下来，并放置在家中显眼位置，有助于每天提醒和强化目标意识。

2. 要事第一

在信息爆炸的今天，确定最重要的事项并优先处理，是高效管理时间的关键。如果孩子的教育是首要考虑的，那么就应该将看电视、玩游戏等非必要活动置于次要。通过有意识地让孩子在不同事项中作出选择，并分析每种选择的后果，可以帮助孩子学会权衡和决策，培养其在未来面对选择时的决断力。

3. 精力专注

在多任务的环境中，保持专注力，一次只做一件事，是保证任务质量、提高效率的重要方法。教育孩子安心完成一件事再开始下一件，同时避免在孩子专注于某项活动时打扰他，这有助于培养其专注力，为时间管理打下良好基础。

4. 坚定执行

强大的执行力是将目标转化为成果的关键。执行力不仅涉及贯彻计划的能力，还涉及反应速度。父母与孩子互相监督，可以培养孩子的责任感，并逐步提升其执行力。选择时间表中的事项进行计时训练，通过不断地实践，加强执行力的培养。

5. 榜样与引导者

父母教育孩子，首先要做好自我管理。父母应通过严格要求自己，成为孩子的榜样，让孩子为自己骄傲。父母的言行一致，可以激发孩子自主学习的欲望，无须过多地唠叨或责骂。因为优秀是每个人的追求，父母已经通过自己的行为，为孩子指明了一条通向优秀的道路。

5

信任和鼓励，能让孩子行动加速

一天早上，小英的妈妈像往常一样早起准备早餐，随后轻声叫醒了爸爸和小英。爸爸迅速响应，但小英依旧蜷在温暖的被窝中不愿起来。妈妈耐心地再次呼唤，终于让小英揉着惺忪的睡眼起床了。洗漱完毕后，时间已所剩无几，小英却显得漫不经心，一会儿发呆，一会儿玩着桌上的东西，对早餐并不上心。妈妈看到这一情形，心中不免焦急，忍不住责备小英："宝贝，妈妈一大早就起来给你做早餐，你怎么还这么慢吞吞的？我们快要迟到了。"小英被妈妈的责备吓到，委屈地抱怨妈妈太过严厉。

此时，爸爸听到了外面的喧闹，走到客厅温柔地安慰了小英，并带妈妈回到卧室稍作休息。在小英情绪平复后，爸爸轻声对她说："妈妈今天特别累，所以有点失去耐心。但爸爸知道你是个听话的好孩子，你能体谅妈妈，对吗？"小英含泪点头。

爸爸继续鼓励小英："妈妈担心你会迟到，你看现在时间不多了。爸爸相信这次你会很快吃完早餐，然后我们可以及时赶到学校。"

小英擦干眼泪，用力地点了点头，表示理解。在爸爸的耐心引导下，小英快速地吃完了早餐，一家人和谐地开始了新的一天。

鼓励和信任能够激发孩子内在的潜力，他们真正需要的是支持和理解，而非批评和指责。一些家长可能会疑惑，这是否意味着我们不能指出孩子的错误？并非如此。由于孩子们的认知发展和经验有限，犯错是成长过程中的常态，适当的批评是必要的，关键在于如何进行批评。采用正确的方法，批评同样可以转化为一种激励。故事中，小英爸爸采取的就是一种鼓励性的批评。这种方式避免了严厉的指责、负面的标签和过度的情绪宣泄，使孩子能够在认识到错误的同时，感受到正面的引导和支持。

每个孩子，无论年龄多小，都有强烈的自尊心。持续的负面批评会让他们感受到外界的敌意，心理上受到伤害。家长的正面肯定和鼓励能够帮助孩子建立起积极的自我形象，激发他们面对挑战和困难的勇气。通过这种方式，家长不仅能帮助孩子改正错误，更重要的是，可以教会他们如何以积极的态度面对生活。

时间管理训练

1. 倾听与尊重：理解孩子的视角

父母首先需要成为孩子最佳的倾听者，不打断他们的分享，尊重他们独特的想法和想象力。孩子的观点可能与成人截然不同，当他们表达自己时，家长应保持开放的态度，避免用成人的标准去衡量，认为孩子在无理取闹或狡辩，从而无意中打击孩子的表达热情。

2. 冷静纠正：保护孩子的自尊

在面对孩子的错误时，家长应保持冷静，避免在公共场合批评孩子，以免伤害孩子的自尊心。选择合适的时机和环境进行教育，使用建设性的语言，避免使用负面标签、侮辱性言语或进行比较，如"别人家的孩子"。批评应专注于当前问题，避免翻旧账，集中精力帮助孩子认识到错误并学习如何改正。

3. 冷处理：避免情绪化冲突

当孩子情绪激动时，家长应避免正面冲突，给予孩子冷静的时间和空间。在孩子平静后，再进行理性的沟通。记住，批评的目的是教育和改善，而非简单的指责。

4. 体验学习：让孩子从经历中学习

家长应采用平和的方式表达关心，避免因担忧而使用激烈的言辞。孩子可能尚未经历过某些事情，因此无法完全理解父母的担忧。在安全的范围内，允许孩子去体验和探索，这比单纯的说教更能教会他们宝贵的生活经验。

通过这些方法，父母可以在教育孩子的过程中，建立起基于尊重、理解和有效沟通的亲子关系，帮助孩子在成长的道路上学会自我反思和自我提升。

6
别心急，让孩子按照自己的节奏成长

在一个不起眼的小镇里，住着一个小男孩。他的成绩总是处于平均水平，没有特别引人注目的才能，是大家眼中的普通孩子。然而，一次偶然的分班考试中，男孩意外地取得了优异的成绩，被分到了一个聚集了学校里学术精英的班级。在这个班级里，男孩的学习能力显得并不突出，他的成绩徘徊在中下游。由于男孩说话时口齿不太清楚，动作也比其他孩子慢一些，他成了同学们嘲笑的对象，甚至被起了不友好的外号。他的作业因为不如"优等生"，也没能得到老师们的认可，他们认为男孩不是一个有潜力的学生，甚至有些老师对他失去了信心。在他12岁那年，两个同学甚至用一袋糖果打赌，断言男孩将来不会有什么成就。

尽管在学校遭遇了挫折和嘲笑，男孩并没有因此气馁。他的生活充满了各种各样的兴趣爱好，他尤其对机械和物理现象充满好奇。他喜欢玩具火车、飞机和轮船，对它们的运作原理有着浓厚的兴趣。男孩经常花时间研究这些玩具的内部结构，尝试理解它们是如何工作的。随着时间的推移，男孩对物理学的热爱逐渐转化为了专业领域的深入研究。

男孩的父母在这个过程中起到了关键的作用。他们没有因为男孩在学校的表现而责怪他，也没有过度干预他的兴趣和爱好。相反，他们为儿子提供了一个充满爱和自由的探索环境，鼓励他追随自己的好奇心。在他十几岁的时候，父亲甚至亲自担任了他的数学和物理指导老师，帮助他在感兴趣的领域深入学习和探索。最终，男孩凭借自己的不懈努力和对物理学的深刻理解，成为一名杰出的物理学家。这个男孩就是史蒂芬·霍金，被誉为20世纪最伟大的科学家之一。

飞机是如何工作的呢？

万物的生长和发展都遵循着内在的规律和节奏，人的成长亦是如此。父母在养育孩子时，应顺应孩子的成长规律，耐心陪伴，避免急功近利。每个孩子自出生起就拥有独特的天赋和气质，这些天赋和气质会随着时间逐渐显现。家长的任务是帮助孩子发现和培养这些天赋，给予他们成长的空间，过度的干预和控制可能会压制孩子的天性。

研究表明，经常被打乱成长节奏的孩子可能会出现烦躁、缺乏耐心等问题，或者反应迟缓、责任心不足，甚至可能因父母不断的否定而失去自信，变得没有主见。因此，家长应创造一个支持性的成长环境，为孩子提供适当的引导，而不是过度干预，让孩子能够按照自己的节奏健康成长。

那么，家长们在教育孩子时，应如何正确引导孩子呢？以下是一些实用的建议：

时间管理训练

1. 接纳个体差异

每个孩子的成长速度和生理发展都是独特的。有的孩子可能早早学会走路，而另一些则晚些；有的快速长高，有的则晚熟。这些都是正常的成长变化，家长应保持平和的心态，积极学习相关知识，避免强迫孩子训练，以免给他们带来不必要的压力。

2. 尊重知情权

家长们不应认为孩子年幼就无须参与家庭决策。对于影响孩子的家庭事务，他们有权了解情况并表达意见。父母应与孩子沟通，共同商量，而不是单方面决定。

3. 遵循内在节奏

允许孩子根据自己的节奏生活和学习。家长不应因孩子做事慢或成效不佳就责备或代替他们完成。孩子的成长需要时间和亲身体验，家长应尊重他们的步伐，耐心等待。

4. 学习压力适度

在当前竞争激烈的教育环境下，家长可能倾向于严格督促孩子的学习，安排各种兴趣班和特长班。然而，过度的学习压力可能会削弱孩子的学习兴趣。家长应确保孩子有充足的休息和娱乐时间，鼓励他们在玩耍和实践活动中学习，从而培养他们的自主学习能力。

7

使用特权卡，激发孩子内驱力

小明是个有自觉性的孩子，但他的成绩总是不稳定。他的父母意识到，他们需要帮助小明更好地管理时间，但同时也不想伤害他的自尊心和积极性。为了解决这个问题，小明的父母决定采用一种创新的方法——"特权卡"系统。这个系统旨在通过游戏化的方式，激发小明的内在动力，同时让他懂得时间管理的重要性。特权卡包括各种类型，如"免吼卡""免唠叨卡""游戏卡""零花钱卡"等，每种卡片都代表着不同的权利和奖励。小明可以通过积累积分来兑换这些特权卡，而积分则来自他的日常表现和完成任务的情况。

每周，小明都会收到一些基础的特权卡，而更多的特权卡则需要他通过努力获得。这个系统很快激发了小明的兴趣，他开始更加积极地参与学习和家务，因为他知道，每一点进步都能转化为实实在在的奖励。

小明的父母也参与了这个游戏，他们有"表扬卡"和"批评卡"，用以正面鼓励小明的进步，同时帮助他认识到需要改进的地方。

这个特权卡系统不仅帮助小明提高了时间管理的技能，还增强了家庭成员之间的沟通和理解。小明的父母发现，通过这种方式，他们能够更平和、更有效地与孩子交流，而不是通过吼叫和发脾气。

在家庭中，我们鼓励父母与孩子之间采用平和的沟通方式。特别是在时间管理教育上，家长应保持积极的心态，用友好的方式与孩子交流，避免发脾气或吼叫。然而，由于孩子的个性差异、不可预见的事件和其他不可控因素，家庭中不可避免地会出现矛盾和争执，家长有时也会失控发火。

此外，一些家长可能缺乏换位思考，给孩子随意增加任务或削减他们应有的休闲时间。在制订和执行学习计划时，孩子往往处于相对弱势的地位，如果他们的权益得不到保障，可能会影响他们的积极性。为了解决这一问题，家长可以采用"特权卡"系统，赋予孩子一定的自主权，以激发他们的内在动力。

时间管理训练

需要准备的工具

小卡片、笔、彩笔

1. 建立"特权卡"系统

特权卡是一系列代表特殊权利的卡片，如"免吼卡""免唠叨卡""游戏卡""零花钱卡"等，旨在为孩子提供保护自身权益的手段。这些卡片的使用规则如下：

"免吼卡"：当家长发火时，孩子可以使用此卡让家长停止吼叫。

"自由卡"：当孩子不愿意执行父母的某项要求时，可以使用此卡拒绝。

"心愿卡"：孩子可以使用此卡让父母满足一个合理的愿望。

"负担减半卡"：孩子可以使用此卡减少课外学习任务。

2. 如何使用特权卡

为了确保"特权卡"系统的公平性和有效性，家长需要和孩子一起制订一套规则。特权卡可以分为三类：家庭特权卡、玩乐卡和高级愿望卡。孩子每周会获得一定数量的基础特权卡，并可以通过积累积分来兑换更多的特权卡。积分可以通过日常表现和完成任务获得，家长需要根据孩子的实际表现来设定积分值。此外，家长也可以使用奖励型卡片，如"写作小明星""生活小能手"等，来表扬孩子的优秀表现。在发放奖励型卡片时，家长应在卡片背后写上鼓励的话语，以增强孩子的自信心和动力。

3. 使用特权卡的注意事项

家长需要注意的是，特权卡的使用不应干扰孩子的正常学习和生活。例如，游玩和看电影的特权卡最好安排在周末使用。此外，家长应限制孩子每周拥有的特权卡数量，避免孩子过度依赖特权卡。在实施"特权卡"系统时，家长应保持灵活性，根据实际情况和孩子的需求进行调整。

"特权卡"系统是一种创新的家庭教育理念，旨在通过赋予孩子一定的自主权和奖励，激发他们的积极性和责任感。家长在实施这一系统时，需要根据孩子的实际情况和需求，不断调整和完善规则，以确保系统的有效性和公平性。

8

三招解决父母的负面情绪

美美是一个自觉的五年级小学生，她的成绩一向在班里名列前茅。然而，最近美美的学习状态和学习成绩明显出现状况，问题的根源在于最近她的爸爸妈妈经常吵架。

这天，美美家中再次爆发了争吵。美美妈妈在厨房里炒菜，对着沉迷于游戏的美美爸爸发火，责备他忽视了孩子的作业。美美爸爸则反击说美美妈妈整天网购，也没怎么关心孩子的学习。两人互不相让，争吵愈演愈烈。

在房间试图集中精力做作业的美美被争吵声干扰得无法专心。她感到沮丧和无助，父母的争吵让她无法静下心来完成作业。当她听到外面传来摔东西的声音，意识到父母的争吵再次升级，美美感到头疼欲裂，她觉得自己再也忍受不了这种局面。终于，美美忍无可忍，猛地打开卧室门，冲出来对着争吵的父母大喊："你们能不能别吵了？我的作业不用你们操心，我不写了！"

美美的话让父母瞬间停止了争吵，他们愣住了，不知所措。过了一会儿，美美父母回过神来，试图安抚女儿："美美，我们不吵了，你快回去写作业吧。"但美美已经对他们的承诺失去了信心，她哭泣着说："你们每次都这样说，但每次都做不到。因为你们的争吵，我每天都无法专心学习，我的成绩都下滑了。我觉得自己永远也赶不上别人了。既然我们家一直这样，我学习还有什么意义？"说完，美美哭着跑出了家门。

这次事件深深触动了美美父母，他们意识到自己的争吵给女儿带来了多大的伤害。他们开始反思自己的行为，并寻求方法改善家庭环境，以便为美美提供一个安静和谐的学习空间。他们学会了更好地管理自己的情绪，减少了争吵，更多地关注美美的感受和需求。随着家庭氛围的改善，美美也逐渐恢复了学习的热情和动力，她的成绩也开始稳步提升。

美美原本具有自我管理和对时间价值的认识，但父母持续的争吵逐渐影响了她的心理状态，导致她对问题采取了消极态度，对未来失去了期待。随着这种情况的加剧，美美变得对时间的利用漠不关心，认为在如此家庭环境中，个人的努力无法改变现状，从而选择了放弃。由此可见，父母的情绪管理对孩子的时间管理能力有着直接且深远的影响。为了解决这一问题，父母需要学会控制自己的情绪，避免将其负面影响传递给孩子。在家庭关系中，父母应当承担起相应的角色，对自身情绪进行有效管理，尽可能不让孩子目睹自己情绪失控的一面。

具体而言，可以尝试以下几种方法：

时间管理训练

1. 适时沉默

当情绪涌上心头时，先保持沉默，暂停 10 秒钟，进行 3～5 次深呼吸，帮助自己逐渐冷静下来。在心中反思为何会有这种情绪，直接发泄可能带来何种后果，是否有其他更合理的表达方式。

2. 主动承认错误并承担后果

就像美美的爸爸妈妈那样，一旦发现问题并已产生不良后果，应立即停止无益的纠结，转而积极寻找解决方案，避免情绪的进一步激化和问题的扩大。此时，应勇于向孩子坦诚自己的过错，不推卸责任，并针对现状做出实质性的改变，防止同样的错误再次发生。

3. 定期进行放松和减压训练

面对日常生活的压力，父母可通过冥想、瑜伽或其他放松技巧，在安静的环境中进行几分钟的深呼吸练习，以达到缓解压力、清除负面情绪的目的。

总之，父母的情绪状态对孩子的情绪和时间管理能力具有决定性作用。为了帮助孩子建立良好的时间管理习惯，父母需要从自身做起，学会调节情绪，为孩子营造一个充满爱与支持的学习和生活环境，从而为孩子的成长清除障碍。

第八章

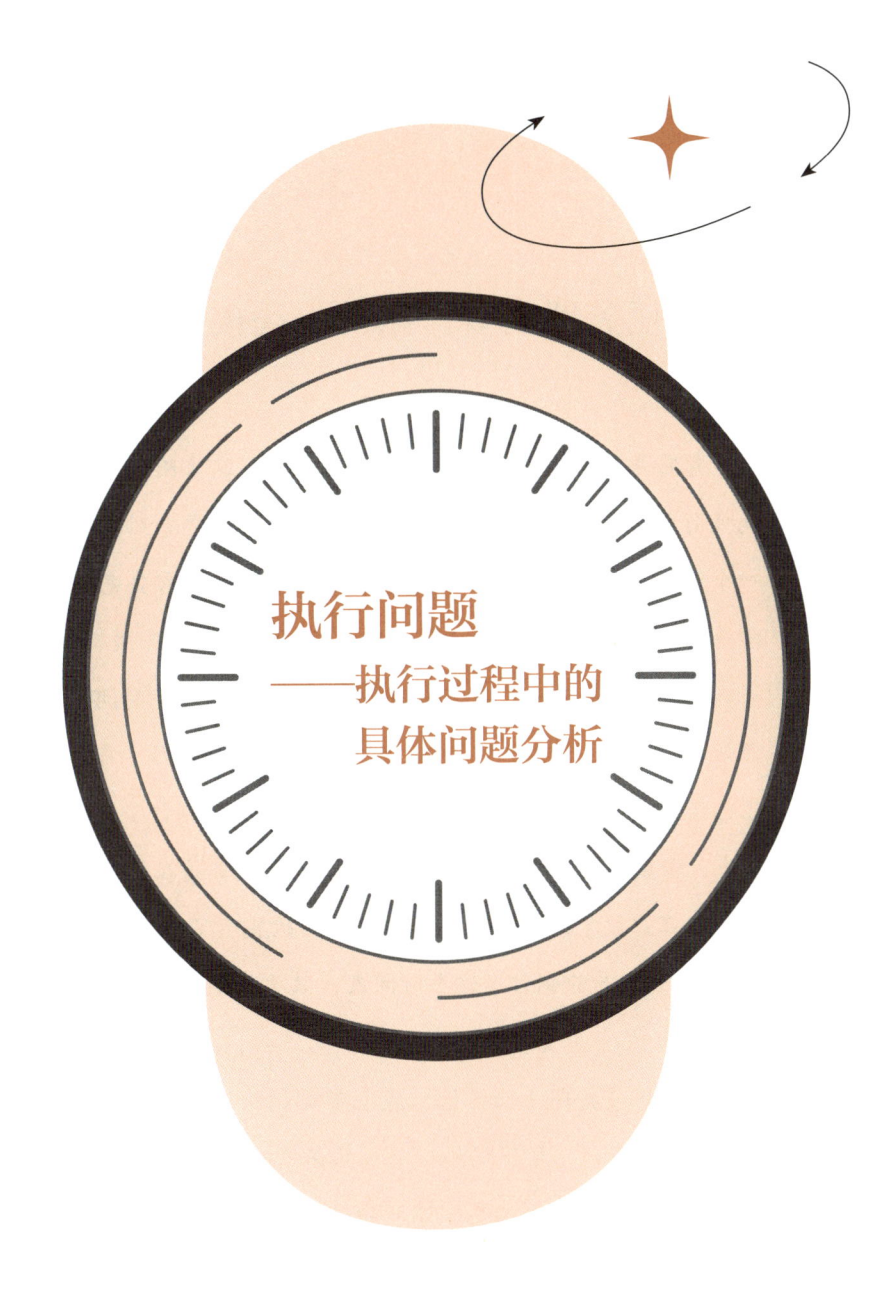

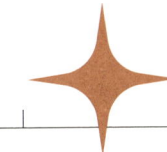

执行问题
——执行过程中的具体问题分析

1

任务那么多，如何驱动孩子自愿执行

露露是一个充满活力的小女孩，她的笑容像阳光一样温暖人心，总能吸引周围人的目光。然而，露露的妈妈却时常感到头疼，因为露露有一个让人头疼的习惯——她不喜欢做作业。每当需要完成作业时，露露总是分心，无法集中注意力。这让露露的妈妈非常苦恼。

一次偶然的机会，露露的妈妈接触到了关于儿童时间管理的知识，她开始学习并尝试应用这些知识。经过一段时间的学习，露露的妈妈觉得自己已经掌握了一些技巧，于是满怀信心地为露露制订了一份详细的学习时间表，希望能够帮助露露克服拖延的习惯，尤其是在学习上。

当露露放学回家后，妈妈兴奋地向她展示了时间表和礼物清单，说："宝贝，妈妈为你制订了这个时间表，只要你按照上面的去做，就能得到这些礼物哟。"露露看了看妈妈手中的纸张，然后情绪激动地说："我不想要，我不要按照上面的做，我也不要礼物，这一点都不好玩。"说完，露露跑出了家门，留下妈妈一个人站在原地。

露露的妈妈感到困惑，不明白为什么露露会如此抵触，甚至连礼物也不感兴趣。她决定打电话给一位在时间管理方面有经验的朋友寻求帮助。朋友听了露露妈妈的叙述后，提出了一些建议："你的时间表是不是太严格了？孩子可能觉得这是家长用来控制他们的工具，看到那么多任务，自然会反感。"

露露的妈妈意识到了问题所在,她问朋友:"那我该怎么办呢?"朋友回答说:"首先,你需要让孩子参与到计划的制订中来,让他们感到这是他们自己的计划。其次,要通过沟通激发孩子对计划的兴趣。最后,礼物清单也应该让孩子参与选择,这样他们才会更有动力去完成任务。"

露露的妈妈按照朋友的建议,重新与露露一起制订了时间表,并鼓励露露参与选择礼物。她还学会了如何通过夸奖和赞扬来激励露露。例如,在露露写作业时,妈妈会夸奖她:"露露,你今天写作业的速度真快,妈妈要奖励你一个水果币。"露露听了非常高兴,她的速度也变得更快了。

经过这次调整,露露对学习计划产生了兴趣,她的学习效率也提高了。露露的妈妈非常满意,露露也很开心,因为她能够通过自己的努力获得想要的礼物。现在,露露正忙着挣积分,准备换取她梦寐以求的芭比娃娃。露露的妈妈也意识到,通过正确的方法和积极的鼓励,孩子的习惯是可以改变的。

孩子通常对时间表提不起兴趣,这是许多家长在开始尝试时常常会遇到的挑战。家长们需要记住,孩子才是时间表的中心,而不是那些待完成的任务。只有当时间表能够与孩子的内心愿望相契合时,他们才会真正产生兴趣。

那么,孩子的内心愿望是什么呢?其实,孩子的想法很单纯,他们天生爱玩,渴望有更多的玩耍时间,喜欢得到表扬,渴望拥有各种玩具、故事书等自己喜爱的东西。可以说,孩子很容易就会感到满足。因此,家长在实施时间表时,只要能够满足孩子的心理需求,就不必担心他们会不感兴趣。

时间管理训练

需要准备的工具

笔、纸(和孩子一起制作学习时间表)

面对孩子对时间表的抵触,家长们应该从以下几个角度进行自我检查和反思:

1. 孩子是否真正参与了进来

孩子是否真正参与到时间表的制订中,并不简单地取决于家长是否告知了孩子或者只是询问了他们的意见,关键在于孩子是否能够认同并对这个时间表产生兴趣。家长的表达方式至关重要，正如上文所提到的，家长可以采用"宝贝，我们一起来创造一个魔法表格，让你有更多的玩耍时间"或者"我们一起来列出你想要得到的礼物"这样的话语，而不是简单地说"我们来制订一个学习时间表"。这样做的目的是让孩子不将时间表视为家长的控制手段，从而减少他们的抵触情绪。同时，制订出的礼物清单将更贴近孩子的心愿，其激励效果也会更加显著。通过这样的方式，孩子会感觉到时间表的制订是一个共同参与、充满乐趣的过程，而不是单方面的约束。

2. 有没有使用积极的语言

家长应避免使用负面语言，如催促孩子"赶紧写"，而应采用鼓励性语言，例如"打败作业怪兽，然后尽情玩耍"或"今天比昨天快了10分钟，你是怎么做到的"。对于孩子的书写，不要批评"字写得乱"，而应表扬"这几个字写得整齐好看"。吃饭时，不要抱怨"吃饭慢"，而应表扬"安静坐着吃饭"，并给予奖励。

使用积极的语言引导，孩子会不自觉地按照家长的描述去做。家长应多用"真厉害，你是怎么做到的"这样的句式，鼓励孩子总结经验。表扬时要具体，如"专心、注意力集中"或"字写得横平竖直"，让孩子明确知道被表扬的行为，并将其作为努力的方向。

3. 孩子的自主时间是不是足够

和孩子一起制订时间表时，一定要注意，刚开始时不宜安排过多任务。在时间表实施的初期，关键是要激发孩子对时间表的兴趣。如果任务太多，孩子看到密密麻麻的安排，可能会感到沮丧，失去动力。因此，在安排任务时，要考虑到孩子的自主时间。在两项繁重任务之间，至少应有 30 分钟的休息或自由活动时间。如果无法保证这一点，就不应安排过多的任务。家长应该根据孩子的实际情况，逐步增加任务量，同时确保孩子有足够的时间放松和发展自己的兴趣，这样，孩子才能在轻松愉快的氛围中，逐渐养成良好的时间管理习惯。

2

孩子总忘记时间表怎么办

小明和妈妈一起制订了时间表，可他总是因为忘记时间而没法遵守约定，这让小明的妈妈非常头疼。

小明的妈妈决定采取行动，帮助小明学会管理时间。她知道，要想让小明记住时间表，必须让他对时间管理产生兴趣。

妈妈首先带小明去了一个充满"魔法"的玩具店，那里有各种各样的玩具和游戏。在玩具店的角落里，妈妈发现了一款特别的时钟——"时间小精灵"。这是一个带有互动游戏的时钟，每当到了特定的时间，时钟就会发出悦耳的音乐，并弹出一个小精灵，提醒小明该做什么。

妈妈买下了"时间小精灵"，把它挂在小明的书桌前。小明对这个会说话的时钟非常感兴趣，他好奇地问妈妈："这个小精灵会告诉我什么时候该学习吗？"

妈妈微笑着说："当然会，它会是你最好的时间管理伙伴。"于是，妈妈和小明一起制订了一张时间表，并设置好了"时间小精灵"的提醒功能。

每当到了学习时间，"时间小精灵"就会发出美妙的音乐，弹出一个小精灵，用欢快的声音提醒小明："小明，现在是学习时间，让我们一起探索知识的海洋吧！"小明被这种有趣的提醒方式吸引，他开始期待每一次的提醒，也渐渐习惯了按照时间表进行学习。

随着时间的推移，小明不仅学会了按时学习，还学会了自己安排游戏和学习的时间。他意识到，通过合理安排时间，他可以既享受学习带来的乐趣，也能有足够的时间玩耍。

妈妈看到小明的变化，感到非常欣慰。她知道，通过正确的引导和有趣的工具，孩子可以学会自我管理，成为时间的小主人。

为了帮助孩子掌握时间管理的技巧，家长费尽心思为孩子制订了详尽的时间表，也探索了多种激发孩子兴趣的方法，但往往效果并不理想，孩子只坚持了两天就抛之脑后了，或者拖拖拉拉，注意力容易分散。这是否意味着孩子无法改变呢？

实际上，制订时间表这一策略本身是正确的，问题在于家长们在制订时可能过于理想化，没有充分考虑到孩子的实际情况和需求，结果就容易陷入一些常见的陷阱。家长们需要意识到，有效的时间管理不仅是遵循一个固定的时间表，更重要的是培养孩子的自我管理能力和内在动机。具体可以怎么做呢？

时间管理训练

时间管理工具

创意闹钟（由孩子自己挑选）

1. 利用创意工具激发兴趣

小明的妈妈通过引入一个有创意的时间管理工具——"时间小精灵"，成功地吸引了小明的注意力。这个特别的时钟不仅以有趣的方式提醒小明，还通过互动游戏的形式，让时间管理变得生动有趣。这说明，使用孩子感兴趣的工具可以大大提高他们对时间管理的投入和兴趣。

2. 设置明确的视觉和听觉提醒

"时间小精灵"在特定时间发出的音乐和弹出的小精灵，为小明提供了明确的视觉和听觉提示。这种直观的提醒方式有助于孩子记住时间表上的安排，从而更好地遵守时间计划。明确和吸引人的提醒可以有效帮助孩子形成时间意识。

> **3. 引导孩子自主管理时间**

孩子总忘记时间表，爸爸妈妈不能只是停留在提醒孩子的层面，而要进一步引导他们自主安排游戏和学习时间。就像故事中的小明，通过"时间小精灵"的辅助，学会了如何自己管理时间，并意识到合理安排时间的重要性。这表明，家长的引导和适当的工具可以帮助孩子逐步发展自主管理时间的能力，最终成为时间的小主人。

3

孩子感兴趣却不执行

壮壮是阳光小学三年级的学生，被大家称为"问题"学生。他在学校经常与老师发生冲突，违反校规，常被老师叫家长。在家里，壮壮妈妈也觉得他是个"拖拉大王"，做事慢吞吞，尤其对学习没有积极性。不过，壮壮对游戏、电脑和手机特别感兴趣。用壮壮妈妈的话说，就是"好习惯没有，坏毛病一箩筐"。

一天，壮壮妈妈在学校门口等儿子，听到其他家长谈论"时间管理"。其中一个家长激动地说："我们家露露现在写作业特别自觉，速度也快了。"壮壮妈妈听了很心动，向露露妈妈请教。露露妈妈答应分享经验，让壮壮妈妈很高兴。

不久后，壮壮妈妈开始实施时间管理计划。她让壮壮参与制订时间表，询问他想要的礼物，并告诉他通过完成任务获得积分可以兑换礼物。壮壮的兴趣很高。第二天，妈妈让壮壮执行时间表，但壮壮看到数学作业就泄气了。妈妈鼓励他，告诉他按时完成可以获得红心。壮壮问能否先玩半小时，妈妈说可以休息半小时但不能玩电脑和手机。壮壮觉得不好玩，不想做了。

壮壮妈妈很着急，给露露妈妈打电话说明情况并请教方法。露露妈妈邀请他们周末去家里做客。壮壮对露露的溜溜球很感兴趣，露露答应送给他，但有条件：壮壮要在半小时内完成几道数学题。壮壮答应了，马上去做题。

露露妈妈告诉壮壮妈妈，问题在于任务太多，壮壮基础不好，应该慢慢来。自主时间不能干涉，要通过积分诱导。壮壮妈妈明白了，决定

简化任务，让壮壮慢慢进步。

孩子对制订时间表不排斥，但执行时不积极，或者只是口头答应，这通常反映出三个问题。首先，家长可能过于急切，制订的时间表与孩子的实际能力不相符，让孩子感到任务难以完成，从而丧失了兴趣。即使有奖励，也难以激发他们执行的动力。其次，家长不应过度干预孩子的自主时间，尤其是在初期，孩子完成作业后应有自由玩耍的权利，这对他们来说是一种激励。最后，积分或红心奖励设置应合理，若数量太少或兑换难度过高，也会导致孩子失去兴趣。孩子可能会觉得奖励与任务难度不成正比，或者兑换所需积分过高，从而失去动力。

时间管理训练

需要准备的工具

不同等级的礼物（根据任务的难易程度，和孩子共同商定）

1. 建立奖励分级制度

家长在激励孩子时，可以采用奖励分级制度，将奖励分为不同等级。例如，设置低级和高级礼物，低级礼物可以是一些小玩具或小零食，而高级礼物可能是孩子梦寐以求的玩具或书籍。家长可以根据任务的难易程度来设定换取不同等级礼物的积分要求。例如，完成3~4个简单任务就能换取一个低级礼物，而完成一系列较难的任务能获得高级礼物。这样的分级制度不仅能激发孩子的积极性，还能帮助他们理解努力与回报之间的关系。

> **2. 注意平衡奖励与自主玩耍时间**

对于刚开始接触时间管理的孩子，家长需要特别注意奖励和自主玩耍时间的平衡。孩子在完成任务后获得奖励和自由玩耍时间是他们最大的动力。因此，家长在制订时间表时，不应仅仅关注学习任务，还应考虑到孩子的全面发展。家长可以逐步引导孩子，让他们在完成任务的同时，也能享受到乐趣和成就感。例如，家长可以安排孩子感兴趣的活动作为奖励，或者在孩子完成学习任务后，给予他们一定的自主权来选择自己喜欢的活动。通过这种方式，孩子不仅能够学会时间管理，还能在完成任务的过程中找到乐趣，从而更积极地参与到时间表的执行中。

4

孩子三天打鱼，两天晒网怎么办

文文是一个文静的小女孩，学习成绩优异。文文妈妈希望女儿能够全面发展，看到其他家长和孩子共同进行时间管理取得成效，特别是邻居家的壮壮有了显著进步，文文妈妈决定也和文文一起实施时间管理。文文很乖巧，加上文文父母吸取了其他家长的经验，时间管理初期进行得非常顺利。文文能够按时完成任务，还获得了额外的自由时间和兑换喜欢的礼物的机会，这让文文感到非常幸福，也更加自觉地遵守时间表。

然而，好景不长，一个星期后，文文妈妈发现文文开始变得懈怠。文文妈妈向壮壮妈妈求助，得知壮壮之前也出现过类似情况，主要问题出在奖励设置上。壮壮妈妈分享了露露妈妈的建议：家长需要换位思考，孩子目前还依赖外在奖励，家长应该尊重孩子的意愿，定期调整奖励，但不可随意替换孩子最喜欢的小礼物。

文文妈妈重新审视了文文的时间表。文文妈妈意识到自己私自增加了文文的学习任务，尤其是文文不喜欢的英语，导致文文对时间表失去了兴趣。于是，文文妈妈决定减少任务，仅保留半小时英语阅读，并观察了文文一周的状态。

除了减少文文的学习任务，文文妈妈还通过一个精美的小人雕刻激发了文文对英语的兴趣。文文主动查找英语字典，学习了新单词，并成功解读了小人雕刻上的线索，这是文文第一次主动学习英语。这次经历不仅让文文对英语有了新的认识，也教会了文文妈妈如何在不增加孩子负担的前提下，通过兴趣引导和适度激励，帮助孩子自然地学习和成长。

在实行时间管理一段时间后，孩子可能会坚持不下去，这通常意味着奖励对他们失去了吸引力。要解决这个问题，家长需要从两个方面入手：首先，检查礼物清单，确保清单上的物品是孩子真正想要的。孩子的兴趣可能会随时间变化，因此需要定期更新清单。其次，家长必须遵守与孩子的约定，不要随意更换礼物，否则会失去孩子的信任。

时间管理训练

需要准备的工具

不同等级的礼物、特殊奖品

1. 合理设置奖励

对于孩子频繁兑换低级礼物而忽略高级礼物的情况，家长可以设置特殊奖品，激励孩子累积积分换取高级礼物，而不清除他们兑换小礼物的积分。这样既保持了高级礼物的吸引力，又能鼓励孩子积累积分。

2. 如何让孩子接受增加的任务

当家长希望孩子接受更多的任务时，需要采取两种策略：激发兴趣和增加奖励。家长应该使用生动的语言和特殊的物品来激发孩子的兴趣，例如，通过角色扮演游戏来增加阅读任务。同时，家长需要多夸奖、多鼓励孩子，尤其是孩子面对他们不擅长或不喜欢的学习内容时。

3. 适度增加任务与奖励

家长在制订目标时，应根据孩子的实际水平，避免过于急躁。重要的是要看到并表扬孩子的进步，同时提供实质性的奖励。随着任务的增加，奖励也应相应增加，以保持孩子的积极性。

孩子的潜力是巨大的，只要家长有足够的耐心和爱心，并采用合适的方法，就能看到孩子取得显著的进步。家长的角色是引导和激励，而不是强迫和施压，这样才能帮助孩子在享受学习的过程中不断成长。

5

执行速度和质量不同步

洋洋是一个二年级的小男孩，拥有健康的小麦色皮肤和充满活力的体魄，他最喜爱的运动是踢足球。尽管洋洋看起来独立，实际上由于父母的过度保护，他的独立性并不强。日常生活中的小事，如穿衣、吃饭、洗澡等，他都需要父母帮忙，就像一个小少爷一样。洋洋的妈妈认为孩子还小，不会做这些事是正常的，而且动作慢，不如父母帮忙来得快。然而，洋洋的爸爸持有不同的观点，他希望洋洋能够独立，成为一个真正的男子汉。

洋洋的爸爸加入了"时间管理"小组，并在听取了其他家长的分享后，急切地寻求时间管理方面的建议。文文妈妈告诉洋洋爸爸，洋洋需要通过自己的努力来获得奖励，体验成功的喜悦。文文妈妈建议初期可以选择一个模块作为重点，如学习模块，并适当放宽其他模块的要求，但不能让洋洋再像以前那样完全依赖父母。

洋洋爸爸根据文文妈妈的建议，将学习模块设为重点，并与洋洋一起制订了礼物表。洋洋喜欢踢足球，但这项运动无法单独完成，还需要场地，爸爸便巧妙地将一个房间改造成小型足球场，引入积分制度，允许洋洋用积分兑换足球时间。洋洋通过完成作业和其他任务获得积分，成功兑换了足球时间，并与爸爸一同享受了快乐的时光。

经过一段时间的实践，洋洋在写作业的速度和生活自理方面都有了显著提升。然而，洋洋爸爸发现了新的问题：洋洋做作业的速度虽然快了，但质量却下降了，出现了马虎的情况，而且这种现象有向穿衣、洗漱等行为扩散的趋势。洋洋爸爸向"时间管理"小组的家长们反映了这一问题，寻求解决方案。

文文妈妈建议洋洋爸爸给孩子一些小小的"打击"，如适当扣除积分，控制足球时间的兑换上限，但要注意不过度，以免打击孩子的积极性。制订具体的奖惩措施，如穿衣扣子没扣好就少给一积分，并解释原因，如果第二天做得好，则补回，以此激励洋洋提高做事的质量和细心程度。洋洋爸爸准备按照建议调整洋洋的奖励机制。

> 光有速度还不行哟，还得提高学习的质量和细心程度呀！

洋洋的案例凸显了一个在家庭教育中常见的问题：孩子在遵循时间表时，虽然在速度上有了显著的提升，但学习的质量却没有同步提高。这成为家长们面临的一个棘手挑战。尽管孩子不再拖延，能够更快地完成任务，但如果每项任务都完成得草率、缺乏深度，那么单纯的速度提升实际上并不会带来预期的积极效果。

速度和质量是时间管理中两个同等重要的方面。孩子需要学会在保证学习质量的前提下提高效率。为此，家长可以引导孩子设定合理的目标，鼓励他们专注于任务的细节和深度，而不仅是完成任务的速度。

家长们可以尝试从以下三个方面来解决孩子完成任务速度和质量不同步的问题：

时间管理训练

需要准备的工具

时间表、奖品（和孩子共同商定）

1. 检查奖励兑换的合理性

家长首先需要审视孩子想要的奖励是否与所需付出的努力相匹配。如果兑换心仪奖励的难度过高，需要积累大量的积分，孩子可能会为了快速积累积分而急于完成大量任务。这种急于求成的心态可能会导致孩子在完成任务时忽视了质量。

2. 培养孩子完成任务后的检查习惯

家长应在孩子的任务中预留出检查的时间。孩子完成任务后，家长应提醒或与孩子一同检查，确保任务完成的质量。从执行时间表的初期，就要培养孩子的这一习惯。这不仅有助于提高任务完成质量，还能让孩子懂得自我监督和自我管理的重要性。

3. 制订惩罚措施以保证质量

除了奖励机制，家长还应制订相应的惩罚措施。例如，如果孩子的作业质量不达标，可以适当扣除积分，减少兑换礼物的数量或兑换自由时间的时长。这样的措施可以让孩子明白，速度虽然重要，但质量同样不可忽视。通过这种方式，孩子可以学会在保证质量的前提下提高效率。

6

作业加量，孩子不干怎么办

文文在学习上一直表现不错，唯独在作业检查这一环节上，她总是显得有些不耐烦。妈妈希望她能够养成仔细检查作业的好习惯，但文文总是抱怨说："检查作业太麻烦了，我宁愿去做别的事情。"

为了帮助文文养成写完作业认真检查的习惯，她的妈妈决定采取一些创新的方法。她设计了一个小游戏来激发文文的兴趣。

一天，文文来到妈妈的工作室，开始进行一次听写练习。文文迅速完成了任务，然后兴奋地把本子扔到一边，大声宣布："我写完啦！"她转头看着妈妈，带着一丝调皮的笑意："妈妈，你不会让我检查作业吧？在家里，你总是让我检查，我都快烦死了。"

妈妈微笑着摇了摇头，没有直接回答文文的问题，而是提议说："文文，我们来玩一个游戏怎么样？"文文的眼睛立刻亮了起来："什么游戏？"

妈妈神秘地说:"这个游戏叫作'火眼金睛'。"文文好奇地问:"怎么玩呢?听起来很有趣!"妈妈解释道:"我们来比赛,看看谁能先找出你作业中的错误。如果你赢了,你不仅能改正错误,还能得到奖励;如果我赢了,你就要再写一遍那个字。"

文文兴奋地问:"如果我赢了,有什么奖励?"妈妈告诉她:"如果你赢了,你将得到5个魔法币,可以用来兑换你喜欢的礼物。"文文的眼睛更加亮了:"哇,5个魔法币!那我现在就可以换到我喜欢的礼物了。"

游戏开始了,文文为了赢得比赛,迫不及待地抢过自己的作业本,仔细地检查起来。没一会儿,她就发现了自己把"国画"写成了"国图"。她迅速拿出橡皮擦,一边改正一边高兴地说:"我先发现的,我赢啦!"

妈妈装作有些失望地说:"哎呀,文文,你的眼睛真是太亮了,我输了。"文文得意地笑了:"耶,我赢啦!妈妈,这个游戏真好玩,下次我们还要玩!"

通过这个游戏,文文不仅学会了仔细检查作业,还找到了一种有趣的方式去完成这项任务。更重要的是,她学会了如何通过自己的努力获得奖励，这让她对学习更加充满了热情和动力。

亲爱的家长们，通过阅读文文的故事，您是否获得了一些启发？现在，让我们进行一些自我反思：

（1）当我们在时间表中增加孩子的作业量时，是否考虑过给予他们额外的奖励来激励他们？

（2）当我们抱怨孩子学习缺乏主动性时，是否思考过我们的做法可能并没有激发孩子的学习兴趣，反而让他们对学习产生了厌恶？

（3）当孩子完成作业后，我们帮助他们检查出错误，但他们却不愿意改正时，我们是否已经无意中将学习的责任从孩子身上转移到了自己身上？

我想对所有的家长说：鼓励孩子主动改正错误、主动学习，是完全有方法可循的。只要我们用对了方法，孩子主动学习就不再是遥不可及的梦想。在执行时间表的过程中，如果孩子对增加作业量有所抵触，我们可以通过以下几种策略来激发孩子的学习热情：

时间管理训练

1. 使用生动有趣的语言

想象一下，如果学习可以像探险一样刺激，像寻宝一样有趣，孩子还会对作业感到厌倦吗？当然不会！我们可以通过把学习变成一场场精彩的冒险故事，让语言变得生动有趣。比如，我们可以把数学题目比作解开宝藏的秘密，把历史课变成穿越时空的旅行，这样孩子就会迫不及待地想要参与其中。就像故事中提到的"火眼金睛"游戏，它不仅帮助文文学会了自主检查作业，还激发了她主动改正错误的意愿。家长们可以把类似的游戏变成家庭传统，每当孩子完成一项挑战，他们就可以在自己的"探险日志"上画上一颗闪亮的星星。

2. 引入奖励机制

我们可以用创意和奖励来点燃孩子的学习热情，让他们在快乐中成长，在探索中学习。这样的教育方式，将会让孩子终身受益。比如我们可以设立一个红星奖励系统，每一颗红星都是对孩子努力的认可，都是他们向目标前进的见证。当孩子攒够一定数量的红星，就可以兑换他们梦寐以求的小礼物，或是一次特别的家庭活动。这样的奖励机制不仅能够激励孩子去完成额外的学习任务，还能培养他们积极向上的学习态度。

7

孩子怎么努力都完不成时间表怎么办

小晨上三年级了，她的生活中充满了各种作业和课外活动，让她几乎没有时间去做自己真正喜欢的事情。小晨的父母非常注重她的教育，他们为小晨安排了钢琴课、绘画课、象棋课和舞蹈课，希望她能够全面发展。然而，随着时间的推移，小晨开始对这些额外的学习任务感到厌倦，她开始拖延，甚至对学习产生了抵触情绪。

一位关心小晨的老师注意到了这一情况，她与小晨的父母进行了深入的沟通，发现小晨其实是一个学习任务量超负荷的孩子。老师意识到，小晨之所以拖延，是因为她觉得自己无论如何努力，都没有时间去做自己喜欢的事情。

为了解决这个问题，老师提出了一个大胆的建议：去掉小晨所有的课外作业，给她留出自主时间。小晨的父母起初有些犹豫，但在老师的鼓励下，他们决定试一试。

老师告诉小晨，只要她完成了学校的作业，剩下的时间就完全属于她自己。小晨听到这个消息后，感到非常惊讶和兴奋，她不敢相信自己真的可以有更多的时间去玩。

在老师的帮助下，小晨开始学习如何管理自己的时间。她和老师一起制订了一张时间表，确保她能够在完成学校作业后，有足够的时间去做自己喜欢的事情。

几天后，小晨的妈妈打电话告诉老师，小晨竟然在8点前就完成了所有的作业，并且拥有了整整1小时的自主时间。在那一周里，小晨的状态非常好，她开始享受自己的自主时间，看课外书，玩玩具，甚至只是发呆。

这个小小的改变，不仅让小晨的学习效率提高了，也让她的家庭氛围变得更加和谐。小晨的父母看到了她的变化，也开始更加信任和支持她。而小晨，也在这个过程中学会了如何平衡学习和娱乐，找到了属于自己的快乐和成功。

当孩子无论如何努力，都始终无法完成时间表上的任务时，作为家长或老师，我们需要审视一下给孩子安排的作业量是否合适。如果孩子一周七天，每天都被安排得满满当当，连一点自主时间都没有，那么这可能意味着作业量过大了。在这种情况下，我们需要重新评估孩子的作业量，确保它既能够满足学习需求，又不会压垮孩子。

时间管理训练

需要准备的工具

时间表、奖品（和孩子共同商定）

1. 与孩子沟通

与孩子进行深入的沟通是解决问题的第一步。我们需要创造一个安全、开放的环境，鼓励孩子表达自己的想法和感受。通过倾听，我们可以了解孩子在哪些学科上感到困难，他们在学习过程中遇到了哪些具体的挑战，以及他们对学习的真实感受。此外，我们还可以询问孩子对时间表的看法，以及他们希望如何改进自己的学习计划。这种沟通可以帮助我们更好地理解孩子的需求，并为他们提供个性化的支持。

2. 调整作业量

作业量是影响孩子学习效率和兴趣的重要因素。我们需要根据孩子的实际情况，包括他们的学习能力、兴趣和时间安排，来适当调整作业量。同时，我们还可以与老师沟通，寻求减少作业量或延长作业期限的可能性。重要的是要确保孩子有足够的时间来完成作业，同时也有时间进行休息和娱乐，以保持他们的身心健康。

3. 激发兴趣

激发孩子对学习的兴趣是提高他们学习动力的关键。我们可以通过多种方式来实现这一目标。例如，我们可以组织一些与学习相关的有趣活动，如科学实验、历史角色扮演或数字游戏，让孩子在轻松愉快的氛围中学习。我们还可以邀请孩子参与制订学习计划，让他们对自己的学习有更多的控制感和参与感。此外，我们还可以利用孩子的兴趣来引导他们学习，比如通过他们喜欢的运动、音乐或艺术来教授相关的学科知识。

4. 提供支持

在孩子遇到困难时，我们需要提供必要的支持和帮助。这可能包括辅导他们完成作业，帮助他们理解难以掌握的概念，或者提供学习资源和工具。我们还可以教授孩子解决问题的技巧，比如批判性思维、创造性思维和决策制订。此外，我们还需要鼓励孩子在遇到困难时寻求帮助，无论是向老师、家长还是同学求助。通过提供支持，我们可以帮助孩子克服学习上的障碍，增强他们的自信心和自我效能感。

5. 定期检查

定期检查孩子的学习进度和时间管理情况是确保他们持续进步的重要手段。我们可以通过观察、提问或测试来了解孩子在各个学科上的掌握情况。我们还可以检查孩子的时间表，看看他们是否能够合理地分配时间来完成学习任务。如果发现孩子在某个方面存在问题，我们需要及时调整策略，比如提供额外的辅导、调整作业量或改变学习方法。通过定期检查，我们可以确保孩子始终处于正确的学习轨道上，并在必要时提供适当的干预。

通过这些策略，我们可以帮助那些在完成时间表任务上遇到困难的孩子。我们需要有耐心，理解和支持孩子，同时也需要灵活和创造性地解决问题。最重要的是，我们要始终相信孩子的潜力，并鼓励他们不断探索、学习和成长。